Leipziger Landschaften

Peter Guth, Bernd Sikora, Norbert Vogel

Leipziger

Greifenverlag zu Rudolstadt

Landschaften

Die Auen · Die Insel · Die Kohle

© Greifenverlag zu Rudolstadt 1986

2. Auflage 1990

Lizenz-Nr. 384-220

LSV 7002

Text: Peter Guth

Idee und Konzeption: Bernd Sikora

Fotografie: Norbert Vogel

Typografie: Klaus Nitsch

Printed in the German Democratic Republic

Lichtsatz: Karl-Marx-Werk Pößneck V 15/30

Reproduktion und Druck: Graphischer Betrieb Jütte, Leipzig

Buchbinderei: Buchbinderei Südwest, Leipzig

Gesetzt aus der Bodoni-Antiqua

Bestell-Nr. 525 362 6

ISBN 3-7352-0205-5

02000

Vorwort

In einer Welt, in der man uns von klein auf Zahlen, exakte Daten und Meßbarkeit schätzen lehrt, ist uns der Umgang mit Landkarten, den rationalen Spiegeln unserer Erde, vertraut. Der Griff zum Autoatlas, zur Wanderkarte ist uns selbstverständlich, kaum der Rede wert. Mit dem Finger werden auf einem Plastikglobus Weltreisen geträumt; Land- und Seewege, eines Kolumbus würdig, sind in Sekundenschnelle nachvollziehbar. Aber was, wenn man all diese Karten anders liest. Nicht als Wegweiser für die schnellste Straßenverbindung zwischen zwei Verabredungen, wenn man sie liest als eine Kulturgeschichte der Menschheit, als Zeugnis davon, wie Menschen Natur durchschauen, erobern und beherrschen.

Längst sind die Zeiten der terra incognita vorbei; weiße Flecken sind durch sachliche Aussagen ersetzt, jede Aussage eine Farbe. Da sehen wir Meere und Kontinente und auf den Kontinenten braun die Gebirge, blau die Flüsse und rot die Städte. Dazwischen das Grün der Wälder. Vergleicht man unterschiedlich alte Karten des gleichen Gebietes, erstaunt man, weil, was uns naturgegeben, unverrückbar in Maß und Zahl festgeschrieben dünkte, sich beständig verändert: Flußläufe wechseln ihr Bild oder verschwinden gänzlich, Städte dehnen sich aus, erreichen die nächstliegenden Dörfer und nehmen sie auf, Waldflächen werden kleiner, wieder und wieder, in einem scheinbar unaufhaltsamen Prozeß. Aus Grün und Blau wird Rot, aus Blau Grün und so fort. Nehmen wir noch bewußt wahr, daß sich hinter diesen Farbspielen menschliches Tun in riesigen Ausmaßen verbirgt? Nehmen wir wahr, daß hier Entwicklungsgeschichte abläuft, in der der Mensch, einmal herausgetreten aus der Natur und doch nicht lebensfähig ohne sie, seine Ordnungsprinzipien gegen das Maß der Natur setzt und so eine zweite Natur, die künstliche Welt, schafft? Die alte Tatsache der Entwicklung menschlichen Lebens vom Niederen zum Höheren birgt in sich aber auch ein Problem, nämlich das Bewegungsverhältnis natürlicher Strukturen zu künstlichen. Die Landkarten sprechen in dieser Hinsicht eine klare Sprache: Einerseits wachsen die städtischen Ballungsräume zu künstlichen Gebilden unerhörter Dimension, andererseits verringert sich die Zahl natürlicher Landschaften mehr und mehr. So gesehen wird Kulturfortschritt, mit ihm die Stadtentwicklung und die Gestaltung des Verhältnisses zwischen Stadt und Land in Zukunft noch stärker als Beziehung zwischen Natürlichem und Künstlichem überhaupt gesehen werden müssen. Viele Fragen, die uns heute beschäftigen, ordnen sich diesem Problem zu. Eine davon: Welches Erholungsangebot kann eine Stadt ihren Bewohnern machen? Dabei interessiert natürlich besonders, wie sich der Zugang zur Natur gestaltet. Und eine andere: Wie kann der Naturreichtum, über den viele ländliche Gebiete verfügen, der Erholung der Städter dienen, und welcher sinnvolle Ausgleich sollte den Landbewohnern geboten werden?

Unsere Überlegungen sind weniger theoretisierend, als sie scheinen, gelten sie doch den Landschaften um Leipzig. Davon soll in unserem Buch die Rede sein, von deren permanenten, folgenreichen Veränderungen, von Leipzig selbst, das Wandlungen ausgelöst und erfahren hat, und von der Schwierigkeit, sich einer Landschaft zu nähern, die wie kaum eine andere ihr Gesicht so häufig verändert hat. Und doch ist sie, bei allen Besonderheiten, nur ein Beispiel für historische Umschichtungsprozesse: So oder ähnlich sind auch andere Landschaften betroffen.

Der Blick auf die Landkarte zeigt die Großstadt Leipzig als Zentrum eines landschaftlich kargen Raumes, den weiträumige Grünzonen umgeben: die Dübener Heide im Norden, die Dahlener Heide im Osten, das Kohrener Land im Süden und das Saale-Unstrut-Gebiet im Westen. Der *Leipziger Industrielandschaft*, durchzogen von Flußläufen, die abrupt enden, von Kanälen, von Tagebauen mit ihren Halden und von vereinzelt eingesprenkelten Grünflächen, soll unser vornehmliches Interesse gelten. Nichts hat hier so stark die Entwicklung beeinflußt wie die gewaltigen Braunkohlevorkommen. Rund um Leipzig, besonders aber im südlichen Raum zwischen der Stadt und dem Kohrener Land, wurde die Kohle zum landschaftsprägenden Moment. Durch ihre Förderung gab es für eine traditionsreiche Kulturlandschaft die Stunde

Null, mit der sie ihren ursprünglichen Charakter verlor und ein ganz neues Gesicht erhielt. Was in anderen Teilen unseres Landes, so im Cottbuser Raum, nach der Wiederurbarmachung zu einer großartigen Bereicherung der Landschaftsgestalt führte, bedeutete — und bedeutet — für Leipzigs Landschaft zunächst einen schwerwiegenden Verlust an kultureller Substanz, der erst im Verlauf vieler Jahrzehnte wieder ausgleichbar sein wird.

Dagegen hat das südlich von Leipzig liegende *Kohrener Land* seinen Charakter Jahrhunderte hindurch weitgehend unverändert erhalten. Lange Zeit kaum beachtet und zu Beginn des technischen Zeitalters im Grunde vergessen, bietet es sich heute dem Natur suchenden Großstädter gleichsam als unberührte Insel dar. Kultureller Fortschritt und Tradition bilden hier eine glückliche Synthese, die, zwar nicht frei von Problemen, doch anregend sein kann auch für die Zukunft unserer Großstädte. Damit berühren wir jene Landschaft, die Leipzig einst so faszinierend machte und auch heute noch Entdeckungen zuläßt, die *Auenlandschaft*. Dahinein wurde die Stadt gebaut, immer wieder mußte sie sich wandeln, stets den Bedürfnissen der Bewohner anpassen. Sie war radikalsten Eingriffen ausgesetzt und wurde, trotz großer Verluste, dennoch gepflegt und erhalten — so gut es die Umstände zuließen.

Die typischen Merkmale der drei Landschaften — relative Unberührtheit, völlige Umwandlung und kontinuierliche Veränderung — erweisen sich bei näherem Hinsehen als zweifach bedeutungsvoll: Zunächst sind es Erscheinungen, die wir überall im Zuge der Wandlung natürlicher in künstliche Landschaftsstrukturen antreffen, sodann wird deutlich, daß sie nicht nur räumlich, sondern auch inhaltlich eng miteinander verbunden sind.

Unsere Beschäftigung mit Leipziger Landschaften will verstanden werden als Beispiel, als Liebeserklärung und als Plädoyer für ein Gebiet, dessen Leumund, so meinen wir, unverdient schlecht ist. Denn hier stellt man sich den Forderungen der Zeit, sucht Antworten auf dringliche Fragen und bewegt sich in Richtung geschichtlicher Kontinuität.

Jedem der drei Kapitel unseres Buches haben wir einen in sich geschlossenen Fototeil zugeordnet, der einerseits die Aussage des Textes optisch unterstützen soll und andererseits doch nie die sehr persönliche Sicht des Fotografen auf die Landschaft verleugnet.

Unser Bild der *Leipziger Landschaften*, facettenreich und in vielem eine Collage von Eindrücken, die sich über Jahre summiert haben, erhebt nicht den Anspruch auf uneingeschränkte Objektivität. Vielleicht behagt dem einen oder anderen Leser unsere — subjektive — Sicht nicht, doch das Bemühen, Grundzüge einer nicht abgeschlossenen Entwicklung anzureißen, legitimiert, so glauben wir, unseren Versuch.

Vorbemerkung nach vier Jahren

Als das vorliegende Buch 1986 erstmals erschien, war ein mehrjähriger Kampf gegen Zensurbehörden, bevormundende Eingriffe unterschiedlichster Institutionen und gegen von Kritik Betroffene ausgestanden. Um die Veröffentlichung zu ermöglichen, sind beispielsweise Umweltdaten, die heute jeder Tageszeitung entnommen werden können, getilgt worden. Doch die Kompromisse hielten wir angesichts der Hauptabsicht für gerechtfertigt: Das Leipziger Land trotz aller gravierenden Probleme als kulturell reiche, extrem gefährdete, aber dennoch der Zuneigung werte Region zu zeigen. Inzwischen ist das Buch zu einem Dokument geworden, zu einem Dokument für Haltung und Schwäche in einem. Veränderungen einzubringen, die aus heutiger Sicht, auch mit Blick auf die bevorstehenden Schließungen einiger Betriebe, die zu den Hauptverschmutzern unserer Umwelt zählen, möglich wären, erachten wir nicht als legitim. Was damals gedruckt wurde, war das Optimum an druckbarer Wahrheit. Es war wenig, aber ein Anfang. Die Leipziger selbst haben seither der Wahrheit auf die Sprünge geholfen. Ihnen ist der bescheidene Versuch einer Liebeserklärung gewidmet.

Januar 1990

Peter Guth
Bernd Sikora
Norbert Vogel

Die Auen

Den Flüssen Pleiße, Elster und Parthe verdankte Leipzig einstmals eine Atmosphäre, die viele an Paris oder gar an Venedig erinnerte. Das weiß heute kaum noch ein Besucher, zumal von den mehr als 82 Kilometern Flußläufen nur relativ wenige überirdisch fließen. Man bestaunt den Hauptbahnhof, drängt sich durch die Geschäfte — aus einer Stadt wie Leipzig muß zu Hause eine Erinnerung vorgewiesen werden —, schlendert, dies schon seltener, durch das eine oder andere Museum und schließt, wenn es die Zeit erlaubt, die Visite mit einer Tasse Kaffee im Restaurant des Universitätshochhauses ab. Hier oben gilt das Interesse meist mehr dem Kuchenbüfett als dem bemerkenswerten Weitblick. Das ist schade, denn von diesem Standort aus könnte man Leipzigs Geografie schnell erfassen. Napoleon, das nebenbei bemerkt, stand auf einem Hügel nahe dem Eingang des Neuen Südfriedhofs, wo man 1857 den *Napoleonstein* enthüllte, und mußte sich mit einer Aussichtshöhe von 40 Metern begnügen. Seine Aufmerksamkeit allerdings galt einer verlorenen Schlacht. Für uns ist dabei von Bedeutung, daß diese 40 Meter offenbar für Leipziger Verhältnisse schon beachtlich waren. Moderner Hochbau, so der des Uni-Riesen, kommt uns zustatten: Wer sehen will, entdeckt drei Auen, die der eingangs erwähnten Flüsse, welche die Stadt wie breite Bänder durchziehen und irgendwo im Dunst mit dem Horizont verschmelzen. Diese *Auenlandschaften* bilden zusammen die Form eines überdimensionalen Ypsilons, dessen Schenkel in den Steinmassen gerade noch sichtbar sind. Der eine, nordwestlich führend, ist die *Aue von Elster und Luppe*. An den Ufern der beiden Flüsse liegen die Orte Wahren, Stahmeln und Lützschena; am Südhang der Luppe Lindenau, Leutzsch, Böhlitz und Gundorf. Hier hat die Aue eine Breite von vier Kilometern und wird von einer Vielzahl natürlicher und künstlicher Flußläufe durchzogen. Früher war dies ein Sumpfland und von der Stadt her nur über einen einzigen befestigten Weg, die Frankfurter Straße, zu erreichen. In nördlicher Richtung dehnt sich die *Parthenaue* aus. Deren Boden ist trocken. Folglich wuchs die Stadt in diesem Gebiet besonders schnell. Im Süden war die mehrere Kilometer breite Aue von Elster und Pleiße kaum besiedelt und bot daher weite Räume nahezu unberührter Natur.

Leipzig entstand im Zentrum dieses Flußsystems und wuchs, den Flußläufen folgend, in die Breite. Das alles klingt sehr einfach und sachlich, benennt die eine Tatsache: Eine Sadt hat sich entwickelt. Damit ist noch nichts Spezifisches von Leipzig ausgesagt. Merkwürdigerweise gelang das immer jenen am besten, die die Stadt von oben, aus der Vogelperspektive, gesehen haben. Unter den Künstlern zum Beispiel hat kaum ein anderer Wesentlicheres erfaßt als *Wolfgang Mattheuer*, der Vogtländer des Jahrgangs 1927 und Wahlleipziger ab 1946. Seine Bilder sind bekannt dafür, Dinge auf den Punkt zu bringen, Gleichnisse für aktuelles Zeitgeschehen zu schaffen. Er hat Leipzig vom 91 Meter hohen Völkerschlachtdenkmal aus betrachtet und gemalt. Die beiden berühmtesten dieser Bilder, »Leipzig« (1971) und »Das graue Leipzig« (1973), zeigen die riesige Ebene der Stadt, flach, ohne Erhebungen, bedeckt von einem Häusermeer. Beide Bilder, das eine fast idealisch schön — es befindet sich im Besitz des Rates des Bezirkes —, mit strahlend blauem Himmel, und das graue, düstere Pendant, bezeichnen treffend das Spannungsfeld, in dem sich die Stadt entfaltet: Hier kontrastieren Kultur, gediegene Substanz und internationaler Atem hart mit einer geballten Industrie und ihren Folgen. Doch beim Nachdenken über Leipziger Landschaften eröffnet sich auch ein tiefer liegendes Problem, das die Bilder nicht zu erkennen geben. Auf Mattheuers Arbeiten stoßen Häusermeer und Himmel am Horizont zusammen — das ist die eine Entwicklungsrichtung der Stadt. Doch hinter den Häusern beginnen die Tagebaue, die mehr und mehr in Richtung Stadt rücken. Das ist die andere, auf den Bildern nicht sichtbare Bewegung. Zu keiner Zeit war die Entwicklung Leipziger Landschaften so stark von diesem doppelten Ansturm des Wachstums geprägt wie heute: Einerseits braucht die Stadt mit ihren nicht ganz sechshunderttausend Einwohnern diese Ausdehnung, andererseits sind die Tagebaue, die bis in die Stadtsubstanz hinein vordringen, für die Wirtschaft unentbehrlich. Die Stadtentwicklung vollzog sich in ihren Anfängen frei von dieser zweifachen Expansion. Die natürlichen Bedingungen für das Gemeinwesen, das wir heute Leipzig nennen und das im 10.Jahrhundert noch Libzi hieß, waren ideal. Lehm, Ton und Sand, Rohstoffe, die die Eiszeit hinterlassen hatte, wurden als Baumaterial für die frühesten Ansiedlungen an den Ufern der fischreichen Flüsse und sumpfigen Wiesen genutzt. Hier kreuzten sich wichtige Handelswege: die aus der Römerzeit stammende Via Regia und die Via Imperia. Als 1497 das Meßprivileg erteilt und zehn Jahre später grundlegend erweitert wurde, waren die Weichen für die Stadtentwicklung gestellt. 1481 lebten auf einer Fläche von 49 Hektar 7741 Einwohner, 250 Jahre später hatte sich die Einwohnerzahl vervierfacht, die bebaute Fläche hingegen nur verdoppelt. Damit war eine typisch städtische Ballung in Gang gekommen. Langsam dehnte sich Leipzig nach drei Seiten hin aus. Im Westen setzte die unwegsame, sumpfige Aue eine natürliche Grenze für jede Expansion. Oder doch nicht so ganz, denn die Auen, zunächst kaum geeignet für städtische Bebauung, erwiesen sich wie geschaffen für Gartenanlagen. Noch war zwar die Stadt von Bastionen umgeben, weshalb die reicher und reicher werdenden Bürger ihre Grundstücke zum Zweck der Prachtentfaltung nicht unbegrenzt ausdehnen konnten, vor den Toren jedoch waren sie ungehindert in der Lage, den absolutistischen Fürsten abgeschaute Gartenkultur zur eigenen Machtdarstellung nachzuahmen. Der *Bosesche*, der *Reichenbach'sche*, der *Löhr'sche* und *Apels Garten* — so hießen die bedeutendsten unter vielen — entstanden zumeist im französischen Geschmack. Um ein Achsenschema vervielfachten sich die spiegelbildlichen, schwingenden Beete und Rabatten über viele Terrassen hinweg, Wasserspiele und Kanäle wechselten einander ab, Landschaftsgestaltung und Architektur waren gleichermaßen an der Ensemblewirkung beteiligt.

Unsere Kenntnis davon verdanken wir vor allem Kupferstechern und Malern. Einer von ihnen, *Alexander Thiele* (1685–1752), stand ab 1738, nachdem er Hofmaler und Aufseher der Fürstlich-Schwarzburg-Sondershausischen Galerie in Arnstadt gewesen war, im Dienst des dritten August von Sachsen und hatte ihm pro Jahr vier eigene Bilder abzuliefern. Um diese Zeit mag »Leipzig von Lindenau aus gesehen« entstanden sein: eine idealisierte Stadtansicht voll Ruhe und Harmonie. Grün ist die dominierende Farbe; im Vordergrund liegen die sumpfigen Auenwiesen, der Standort des Malers. Die Stadt selbst, an den Horizont gerückt, wirkt eher wie eine Kulisse. Menschen, die sich in der Landschaft ergehen, Vertreter aller Stände, erscheinen leichthin eingefügt, die Bruchholz sammelnde Alte und der vornehme Reiter, der Angler am stillen und verträumten See ebenso wie die Kavaliere mit ihren Damen oder die saturierten Bürgersleute. Für sie alle existiert ganz offensichtlich kein Widerspruch zwischen Stadt und Landschaft. Und so hat es auch der Künstler gesehen. Hinter den Stadttoren die Geschäfte, davor eine Parklandschaft zur Repräsentation und Erholung und für Schäferspiele. Thiele traf damit den Zeitgeschmack sehr genau; er kannte natürlich auch die ehrgeizigen Pläne, die schon August II., genannt der Starke, gehabt hatte. Dieser schätzte das Auengebiet außerordentlich, bemühte er sich doch Anfang des 18. Jahrhunderts zu seiner »künftigen eigenen Lust und Nutzung gegen billige und auf nähere Handlung ankommende Satisfaction«, die auch heute noch schönste Grünfläche von Pleiße- und Elsteraue, das *Rosental,* an sich zu bringen. Er warf dem Rat vor, daß dieser sich das Gebiet von seinem Vorgänger Georg II. erschlichen habe. Wohl oder übel mußte der Rat gegen Ende des Jahres 1707 mit dem Anlegen von dreizehn strahlenförmigen Alleen, die auf landschaftlich reizvolle Punkte gerichtet waren — sie sind heute noch erhalten —, beginnen. Im Schnittpunkt dieser Schneisen sollte dann ein Schloß errichtet werden, dessen Baukosten die Stadtkasse tragen sollte. Mit einer Vielzahl von immer neuen Ausreden, die von der Mückenplage bis zu angeblich grassierenden Räuberbanden reichten, gelang es dem Rat dann doch, den Fortgang der Arbeiten so lange zu verzögern, bis es schließlich nur bei einem »Projet du Roy du Plan de Rosenthal á Leipzig« blieb.

Thieles Bild von Leipzig war zweifellos zum Vorzeigen gedacht. So wünschte man Leipzig zu sehen und tatsächlich: dies war Leipzig zur Zeit des ausgehenden Barocks. Künstliche Landschaften vor der Stadt, eben die prächtigen Gärten, stellten Reichtum aus, aber sie bedeuteten gleichzeitig einen enormen kulturellen Gewinn. Der sechzehnjährige *Goethe* äußerte sich 1765 seiner Schwester Cornelia gegenüber enthusiastisch: »Die Gärten sind so prächtig, als ich in meinem Leben etwas gesehen habe ich schicke Dir vielleicht einmahl den Prospeckt von der Entree des Apelischen, der ist königlich. Ich glaubte das erste mahl ich käme in die Elysischen Felder.«

Aber schon begann die der Stadt unmittelbar vorgelagerte Landschaft den Bürgern zu eng zu werden. Auf Ausflugsfahrten entdeckten sie die umliegenden Dörfer für sich und eroberten sie schrittweise. In den Orten Connewitz, Leutzsch, Eutritzsch und Gohlis entstanden Landhäuser. Darunter war das *Gohliser Schlößchen* — ein filigraner Rokokobau, für den Leipziger Kaufmann Caspar Richter 1756 errichtet — das bedeutendste. Man hat sich vorzustellen: Wo die Straßenbahn heute, zehn Minuten vom

Stadtzentrum entfernt, durch Häuserschluchten holpert, lagen Wiesen und Felder, ab und zu ein Bauerngehöft. Heute gehört zu jeder ordentlichen Stadtrundfahrt ein Besuch des unscheinbaren Gohliser Hauses, in dem *Schiller* die »Ode an die Freude« schrieb. 1785 war das ein Bauernhaus. Und nur durch Zufall — das Verdienst gehört Robert Blum, der das Haus wiederentdeckte — blieb es erhalten.

An der Schwelle unseres Jahrhunderts, als sich mit Lustfahrten und der Errichtung von Landhäusern der Sprung über die Gärten und Sumpfgebiete hinweg in die weitere Umgebung Leipzigs ankündigte, begannen auch die großen Eingemeindungen. In dem Maße, wie sich der Blick auf das Umland richtete, verloren die Bürger das Interesse an den Gärten — an Apels Garten erinnert heute nur noch ein Straßenschild — und auch an der unberührten Natur vor der Haustür. Im Rosental setzte eine rabiate Nutzholzgewinnung ein, die *Johann Gottfried Seume* beschrieb: »Herzlose Männer zerstören den Hain mit wütender Mordaxt, und der Schlag hallt von der Entheiligung weit in der Flur fort.« — Aber noch steckte die Industrialisierung in ihren ersten Anfängen. Noch besangen Scharen von Dichtern die Schönheit der Auen. Inzwischen vollzogen sich weit vor der Stadt Veränderungen, die innerhalb der Mauern so nicht möglich waren. Handelsleute mit einem ausgeprägten bürgerlichen Selbstbewußtsein, durchdrungen von der Überzeugung, daß sie, die Bürger, Träger ganz neuer kultureller Qualitäten seien, versuchten außerhalb der Stadt, ihren Vorstellungen von einer Verbindung zwischen Ökonomie und Lebensqualität Gestalt zu geben. So hatte 1822 *Maximilian Speck* das Gut *Lützschena* in der nordwestlichen Aue von Elster und Luppe gekauft und sofort mit der Anlage eines Parkes begonnen. Speck, der durch erfolgreichen Wollhandel vom Hirtenjungen und Kaufmannsgehilfen zum steinreichen Freiherrn und Kunstmäzen aufgestiegen war, bemühte sich, auf seinen Besitzungen die neuesten landwirtschaftlichen Erkenntnisse anzuwenden und seine Intentionen einer zeitgemäßen Gartenkunst zu verwirklichen. Vielseitige Interessen und Fähigkeiten begünstigten seine Pläne: Er war nicht nur ein geschäftstüchtiger und begüterter Schöngeist, sondern auch Mitglied der »Allerhöchst sanctionirten unt unter besonderem Staatsschutz stehenden practischen Gartenbaugesellschaft«, deren Zweck es war, »allgemeinen Sinn für Gärtnerey und Landes-Verschönerung zu wecken und hierzu

16

sowohl litterarisch-thätig einzuwirken als auch das gangbarste Vegetabilien-Material practisch zu erproben und in die Hände des ausübenden Publicums zu verbreiten, um aus dem Schooße der Erde für ihre Bewohner neue Quellen des Wohlstandes zu eröffnen«. In diese Vereinigung und auch in die »Gesellschaft zur Beförderung der gesamten Naturwissenschaften« war er berufen worden, weil ihm immerhin die Erfindung neuer landwirtschaftlicher Geräte und die Zucht und Seßhaftmachung in Deutschland nicht heimischer Schafrassen gelungen waren. Daß sich mit den wissenschaftlichen auch geschäftliche Ambitionen verbanden, versteht sich von selbst. Aber gerade in seiner Vielseitigkeit erwies sich Speck als Kind seiner Zeit. Speck von Sternburg, wie er klangvoll durch die Gnade des Bayernkönigs Ludwig I. hieß, hatte die ökonomischen Ansprüche des aufstrebenden Bürgertums begriffen.

Konsequent schlug sich sein bürgerliches Denken auch in der Gestaltung der privaten Umgebung nieder. Sein Park sollte frei sein von barockem Formenzwang, er sollte nicht mehr schlechthin der Etikette dienen, sondern zu einem Teil des Wohnbereichs werden. Wir begegnen hier *Rousseaus* Auffassungen wieder und denen des englischen Malers und Gartengestalters *William Kent*, dessen Schriften Speck ausgiebig studierte. Kent begriff den Park als ein verdichtetes Gesamtbild der Landschaft und lehnte daher hohe Mauern und Hecken ab; an ihre Stelle sollten künstliche Wasserläufe und Seen treten. Eine wichtige Rolle spielte dabei die Forderung, daß das Haus in Beziehung zur Natur gesehen werden müsse und nicht etwa die Gartenanlagen zu einem Anhängsel der Gebäude werden sollten.

In diesem Sinne war auch mit der Parkgestaltung in Lützschena begonnen worden. Aber es kommt ein weiterer Aspekt hinzu: Denn obwohl in Sachsen etwa seit 1800 die Industrielle Revolution einsetzte und zu einer beachtlichen Entfaltung der Wirtschaft führte, stabilisierte sich besonders nach den Befreiungskriegen die Macht des Adels. Die Intelligenz, die zunächst große Hoffnungen in die Französische Revolution von 1789 und dann in die Ereignisse von 1813/1814 gesetzt hatte, sah ihre Idealvorstellungen von Freiheit, Gleichheit und Brüderlichkeit zunehmend enttäuscht. Daraus resultierte ein allgemeiner Weltschmerz und der verstärkte Rückzug in den privaten Bereich; ferne Länder standen wieder im Mittelpunkt des Interesses, das Mittelalter wurde als märchenhaft schöner Weltzustand empfunden. Dieser Zeitgeist schlug sich natürlich auch in der Gestaltungskonzeption des Parkes nieder: Gebäude in der Manier orientalischer und asiatischer Baumeister entstanden, gleichnishafte Denkmäler der Vergänglichkeit wurden aufgestellt. In Specks Gedichten findet sich das Wort »Wehakkord«. Dem Versuch, diesen Stimmungswert umzusetzen, folgte von nun ab die Parkgestaltung. Die Vorstellungen Kents von einer verschönten Landschaft traten zurück. Diesen Charakter hat der Park bis etwa 1840 behalten: Vorbei an Taubenhaus und Viehhof gelangte man nach dem ersten Blickfang, einer Statue des legendär schönen Antinous, zum Gewächshaus, das die Gestalt einer Orangerie hatte. Hier waren ein prächtig ausgemalter Gartensaal und eine Voliere eingerichtet worden. Vor dem Gebäude stand eine Nachbildung des berühmten Borghesischen Fechters. Ging man an Obst- und Küchengarten, die durch einen Damm vor der Elster geschützt wurden, und am Schwanenteich vorüber, eröffnete sich dem Besucher das Entree des Parkes. Den Eingang zierten zwei Statuen, Jungfrau und Kronos, Jugend und Alter symbolisierend. Beide Plastiken wiesen gleich zu Beginn eines Rundganges auf den tieferen Sinn der Parkanlage hin: Das menschliche Dasein ist eingebunden in den natürlichen Kreislauf ewiger Vergänglichkeit und Wiedergeburt. Dann folgten am Wege, gleichsam als Lebensstationen, Liebe, Tätigsein, Reisen, Begegnungen, die Würdigung von Leistungen bedeutender Persönlichkeiten, Wirrnis des Schicksals, Besinnung, Tod und schließlich Auflösung der ernsten Gedanken durch einen heiteren Blick in die Ferne. Der Weg führte von einem Bauwerk zum anderen, und der Besucher wurde durch Ruheplätze und Ausblicke, die sich in die Landschaft eröffneten, stimmungsvoll auf immer neue Überraschungen vorbereitet. Der Büste der Klytis, einer von Apoll geliebten Nymphe, folgte ein Pavillon im orientalischen Stil, dann, hinter einem künstlichen Kanal, das Russische Haus. Dafür hatte Speck, wie für die meisten Gebäude, die Entwürfe selbst gezeichnet.

Die Aufzählung ließe sich fortsetzen. Neben einer Vielzahl von Statuen, so einer Kopie der bekannten Vestalin von Herculaneum, gab es mehrere Tempel — einer davon war Amor und Psyche gewidmet —, einen Badeteich mit Booten, eine Sphinx-Gruft, eine Einsiedelei und ein Labyrinth. Die Reihe überraschender Effekte schien nicht abreißen zu wollen. Beeindruckend war, wie die vorgefundene Natur in das gedankliche Konzept für die Parkgestaltung eingegliedert wurde, genug Raum lassend für spielerischen Umgang mit der Landschaft. Wendeltreppen und Aussichtsplattformen in den Bäumen eröffneten ungewöhnliche Blickperspektiven, je nach Jahreszeit und Anlaß baute man kleine Blatt- oder Strohhütten auf. Eine Schilderung des Parkes wäre unvollständig ohne einen Hinweis auf die fast 300 Bilder umfassende Gemäldesammlung, die der reich gewordene Bürger zum großen Teil aus aufgelösten Sammlungen Adliger erwarb. Er verfügte damit über eine der größten Privatkollektionen Europas, deren »Beschauung«, wie es Christian Gretschel, ein zeitgenössischer Chronist, beschrieb, »seine Liberalität den Kunstfreunden gern gestattet«. Arbeiten von Künstlern mit klangvollen Namen waren vertreten, Cranach, van der Weyden, Rembrandt, Ruisdael, Rubens und Murillo. Andere, so Ludwig Richter, Kobell und Schnorr von Carolsfeld, hatten speziell in Specks Auftrag gearbeitet. Die wichtigsten dieser Bilder sind heute im Leipziger Museum der bildenden Künste zu sehen.

Einen sinnlich konkreten Eindruck vom Park verdanken wir wiederum einem Maler, dem Wiener *Friedrich Loos* (1797—1890), der mit seinen Lithographien ein deutliches Bild vom Zustand der Anlage um 1826 entwarf. Doch schon gegen Ende seines Lebens hatte sich der Park grundlegend verändert. In der Gründerzeit sind die zahllosen Bauten auf einige wenige reduziert worden. Dem Geschmack der Zeit folgend, verdrängten Stahlkonstruktionen die natürlichen Baumaterialien. Wertvolle Substanz wurde bereits von den letzten Besitzern unwiederbringlich vernichtet. Schließlich tat die wirtschaftliche Situation nach 1945 ein übriges. Der akute Brennstoffmangel zwang dazu, den Park zur Holzgewinnung freizugeben. — Sie war bis 1978 erlaubt. — Nach dem zweiten Weltkrieg galten alle Kräfte natürlicherweise zunächst vordringlich dem Wohnungsbau und der Rekonstruktion zerstörter Fabriken. Auch die Stadt Leipzig, selbst schwer von Kriegsschäden betroffen, deren Bürger gerne im Gasthof, der bequem zu »Conzert und Ball, wie zu Theater und Gastmahl eingerichtet« war und in dem es »natürlich nicht an einem Billard« fehlte, abstiegen, konnte der Gemeinde nicht helfen.

Lützschena assoziiert heute vor allem ein bekanntes Exportprodukt, das Sternburg-

Bier. Irgendwo dort, zwischen Leipzig und Schkeuditz, abseits von Brauerei und Straßenlärm, zwischen Flußschleifen und sanften Hügeln kann man die Rudimente des Parkes entdecken. Das Entree, das über den verbauten und zweckentfremdeten Schloßhof zu erreichen ist, bleibt mit Gittern verschlossen. Neugierigen aber steht der Weg vom Elster-Luppe-Kanal her offen, und damit bleibt auch ein paar Minuten länger die Illusion von dem, »Was, schön mit Kunst sich einend, die Natur/ In zauberischer Schöpfung thät gestalten …«, wie es Sternburg einst formulierte, erhalten. Dann nach einigen Schritten, wird man freilich jäh in die Realität gestoßen.

In einem Winkel am Hundewasser — dies Flüßchen und die Elster umschließen den Park — steht eine letzte barocke Plastik; das Wasser ist verschlammt, die Wiese daneben ein Parcours für Springreiter. Der Weg führt weiter durch eine verwilderte Allee und endet an einem zerbröckelten Sandsteinsockel, der seine Herkules-Figur schon lange eingebüßt hat. Die Überreste, soweit sie noch nicht irgendwelche Wohnzimmer schmücken, liegen nebenan im Gestrüpp. Dann ein Teich, grün von Entengrütze, und in einiger Entfernung zwischen Baumkrüppeln, kaum mehr auffindbar, das alte Familienmausoleum, dessen Eingang sehr an die düsteren Gemälde von Arnold Böcklin erinnert. Die Grabplatte über einer offenen Gruft, letzte Spur eines Barons, der als Salonlöwe im diplomatischen Auftrag verblichener Kaiser überseeische Tanzböden unsicher gemacht hatte, kann zur tückischen Fußangel werden. Nächste Station: der Freundschaftstempel. Das Dach, längst heruntergebrochen und abgetragen, wurde einst von sechs Säulen gestützt, die Spaziergänger gewissenhaft mit ihren Initialen versehen haben. Von L. K. war zu lesen, der sich mit B. S. in Liebe fand. Verszeilen, die der Parkgründer, begeistert von seinem Werk, verfaßt hatte, kommen in Erinnerung: »Sie können's glauben, lieber Herr, vor Jahren/ Da hat es hier ganz anders ausgesehn …« — Man glaubt es ohne Widerspruch. Dieser Eindruck, vor geraumer Zeit gewonnen, soll in einigen Jahren endgültig ein Stück Vergangenheit sein; Tempel-Säulen und eine Flora-Statue, inzwischen konserviert, werden für eine Wiederverwendung bereitgehalten. Naturschützer, Künstler und mancher Bürger des Ortes haben in jüngster Zeit diesen Park wieder verstärkt in das Bewußtsein der Öffentlichkeit gerückt. Der Zweckverband Auenwald und die Künstlerverbände sind bereit, sich zu engagieren, da Lützschena allein mit einer Neugestaltung überfordert wäre. Weil eine Wiederherstellung des ursprünglichen Zustandes heute nahezu unmöglich ist, wurde für die nächste Zukunft eine Sanierung des biologischen Bestandes ins Auge gefaßt, um das Gebiet für die Naherholung wieder attraktiv zu machen.

Zurück zur Geschichte dieser Landschaft: Den frühen bürgerlichen, historisch durchaus progressiv einzuschätzenden Unternehmern, zu denen Speck von Sternburg gehörte, gelang es, ihre wirtschaftlichen Interessen mit einem hohen kulturellen Anspruch — und entsprechenden kulturellen Leistungen — zu verbinden. Ohne dabei ihre Person zu idealisieren, muß gesehen werden, daß dies ja ihre Forderung beim Eintritt in die Geschichte gewesen war: Liberalisierung dessen, was der Adel bis dahin für sich allein beansprucht hatte, bei gleichzeitigem großem Aufschwung von Handel, Geldgeschäften und der einsetzenden Industrialisierung. Die Dimensionen allerdings, in denen sich diese Veränderungen bewegten, waren nicht so umfangreich, daß die Landschaft ernstlich angetastet wurde. Im Gegenteil: Das bürgerliche Ideal — und nur zu schnell sollte es sich als nicht einlösbares Ideal erweisen — meinte ja die harmonische Verbindung von Lebenstätigkeit, die durchaus auch finanziellen Gewinn einschloß, und Umwelt. Parks wie Lützschena waren damit nicht nur Demonstration der Stellung ihres Schöpfers in der Gesellschaft, sondern sie wurden auch zum beabsichtigten Sinnbild einer kulturellen Haltung.

Bereits fünfzig Jahre später hatte sich die Situation grundlegend gewandelt. Die bürgerlichen Ideale waren endgültig zu verlorenen Illusionen geworden. Die ökonomische Kraft des jungen Kapitalismus bewirkte auch im Leipziger Raum Außerordentliches. Gleichlaufend mit einem gewaltigen wissenschaftlichen und technischen Aufschwung kam es zu einer Stadtexpansion in bisher nicht berührte Gebiete weit vor Leipzig. Die Auenlandschaft bildete jetzt nur noch im Süden, zwischen Eythra und Großdeuben, ein einheitliches Ganzes. In Stadtnähe dagegen wurde jetzt flächendeckend zwischen den Vororten und dem Stadtkern gebaut. Auch die Vororte selbst wuchsen und näherten sich der expandierenden Stadt an. Dieses zweifache Wachstum schlug sich in der Wohndichte der großräumigen Wohnquartiere nieder. Durch die günstigen geografischen Bedingungen entwickelte sich der östliche Teil Leipzigs am schnellsten, so daß hier bald vier Fünftel aller Einwohner lebten. Auch der Westen, das frühere Sumpfland, wurde erschlossen; die einstigen Garten- und Wiesengrundstücke fielen den Bodenspekulanten zum Opfer. Schließlich erinnerten nur noch Straßenschilder wie Wald-, Auen- oder Elsterstraße an die Vergangenheit.

Diese Zeit brauchte — und schuf sich — selbstverständlich ein ganz neues Bild vom besitzenden Bürger. Jetzt wäre der Typus eines Sternburg der Entwicklung hinderlich gewesen, ja, seine Harmonievorstellungen hätten ihn lächerlich gemacht. Profit, Rigorosität und weiträumiges Denken waren an der Tagesordnung. Der 1819 geborene *Karl Heine*, Rechtsanwalt und Erbe von Reichels Garten, verfügte über alle Eigenschaften, die ihn zu einer Vorzeigefigur des jungen Kapitalismus werden ließen: Einfallsreichtum, Intelligenz und ausgeprägten Geschäftssinn. Mit ihm betrat nach einer Entwicklungsphase, die von Bürgern wie Sternburg geprägt worden war, eine neue, auch weltanschaulich anders orientierte Generation den Schauplatz der Geschichte. Ab 1850 begann Karl Heine geradezu generalstabsmäßig, seinen Plan von einer künstlichen Verbindung der Elster mit der Saale zu verwirklichen. Bestrebungen, Leipzig an große, schiffbare Flüsse anzuschließen, hatte es schon im 17. Jahrhundert gegeben. Damals diskutierte die Leipziger Kaufmannschaft, »was der Stadt Leipzig vor einer Praejudiz entstehen könne, wenn der Saalestrom von Halle biß in die Elbe navigabel gemacht würde«. Nun aber ging es nicht mehr darum allein. Es bot sich zugleich die Möglichkeit, das noch unverwertbare Überschwemmungsgebiet der Westvorstadt — einen wichtigen Teil davon hatte Heine, wie gesagt, geerbt — durch Aufschüttung zu kultivieren. Was aus diesen Voraussetzungen folgte, beeindruckt durchaus in Tempo, Komplexität und harter Kalkulation: Die ersten Auffüllmassen wurden aus Flußbegradigungen von Luppe, Elster und Pleiße gewonnen und, da die Stadt Heine den Bau von Straßen untersagt hatte, auf den Leipziger Flußläufen zu ihrem Bestimmungsort gebracht. Damit waren Heines Straßenpläne aber allenfalls nur aufgeschoben. Er baute an ihrer Stelle zunächst Dämme, die später leicht in Straßen umfunktioniert werden konnten. Als der Transport auf den natürlichen Wasserwegen unrentabel zu werden begann, projektierte Heine einen eigenen Kanal. Was man bei diesem Bau ausschachtete, diente wieder zum Auffüllen des Sumpflandes. 1862, nach sechsjähriger Bauzeit, verkehrten auf dem ersten fertiggestellten Kanalstück bereits 16 Lastkähne mit einer Tragfähigkeit von 150 Tonnen. Im Sommer 1864 wurde der erste große Bauabschnitt mit feierlichem Gepränge eingeweiht. Auf dem Dampfschiff »Neptun« befanden sich zu dieser Feier 100 Ehrengäste, ihm folgten von Schleppern gezogene Kajütboote, die, wie auch die Transportschiffe, in der eigenen, von Heine errichteten Werft gebaut worden waren. Seit Beginn seiner Aktivitäten waren erst vierzehn Jahre vergangen.

Die Kähne, die Auffüllmaterial in den Westen der Stadt brachten, hatten auf dem Rückweg entweder Heu für Heines »Ökonomie-Hof« oder Lehm, der in seinen Fabriken zu dringend benötigten Ziegeln verarbeitet wurde — auf dem gerade kultivierten Land sollte natürlich gebaut werden —, geladen. Über all dem war die *Elster-Saale-Verbindung* keineswegs vergessen worden. Der eben eingeweihte Teil des sogenannten *Industriekanals*, den man bei Plagwitz in nahezu vierzehn Meter Tiefe durch Felsgestein getrieben hatte, konnte künftig die günstigste Verbindung zum Kanalhafen sein. Zuvor hatte Heine dort Sand und Kies fördern lassen, so daß die Gruben später jederzeit zu Hafenbecken ausgebaut werden konnten. Die letzte Vorbereitungsphase war der Aufbau eines großen Eisenbahnnetzes mit der Installation von Bahnhöfen. Durch dieses Schienensystem war nicht nur die Verbindung zwischen Eisenbahn und Schiff hergestellt, sondern auch die Ansiedlung von Industrie garantiert. Bereits 1862 existierten zwei Eisengießereien, und der 1880/81 gegründete und größtenteils aus Fabrikanten bestehende Elster-Saale-Kanalverein trieb das Baugeschehen in diesem Sinne weiter. Noch ein Jahr vor seinem Tode gründete Heine 1887 die Westendbaugesellschaft, die sich unter anderem mit dem Ausbau des Kanalhafens befaßte.

Neun Jahre nach der feierlichen Eröffnung der Teilstrecke war der einträgliche Vergnügungs- und Transportbetrieb auf dem Kanal längst zur Alltäglichkeit geworden. Daneben sicherten die großen Bauwerke der Gründerzeit Höchstprofite.

Als sich erwies, daß die neu besiedelten und industriell erschlossenen Gebiete stark von Überschwemmungen bedroht waren, sah sich die Stadt gezwungen, umfangreiche Sicherungsmaßnahmen einzuleiten — Folgeerscheinungen auf den bereits verkauften Grundstücken interessierten die Unternehmer nicht. Daher gingen die Kosten nicht zu

Lasten des Profits, sondern die Steuerzahler mußten letztlich dafür aufkommen. Einmal noch diente Heines Kanal-Projekt als Kulisse eines politischen Spektakels: Nach Streitereien bis in die dreißiger Jahre hinein — hierbei ging es zumeist um die Konkurrenz mit dem Mittelland-Kanal — verkündeten die Faschisten ihr »Arbeitsbeschaffungsprogramm«. Für einen Spottlohn mußten 1 800 »Arbeitsdienstmänner« mit der Schippe den Bau vorantreiben — bis sie schließlich in den großdeutschen Eroberungsfeldzügen ihr Leben ließen. Der Kanal blieb wenige Kilometer vor dem Ziel, der Saale, unvollendet. Nach dem Krieg war der Warentransport auf der Straße effektiver.

Seitdem diente der Kanal einmal als Austragungsort für eine Angelweltmeisterschaft. Allerdings haben sich die Leipziger inzwischen das Kanalfragment unwiderruflich angeeignet. Aus der anfangs inoffiziellen Badeanstalt wurde eine nicht recht zu erklärende Attraktion, die die Leute aus der ganzen Umgebung anlockt. Wenn die Sonne scheint, läßt sich kein freier Zentimeter mehr finden; der Kampf um den Platz für eine Decke nimmt existentielle Formen an. Oben auf der Dammkrone, die nur etwas mehr als einen Meter breit ist, liegt man wie in einer Sardinendose, der Abstieg zum Wasser ist steinig und halsbrecherisch, das Baden nicht ungefährlich, da man ständig eine Kollision mit einer der weltberühmten Leipziger Rudermannschaften, die hier trainieren, befürchten muß. Ob die Popularität von den FKK-Anhängern herrührt? Doch es gibt ja schließlich auch ein paar Meter weiter — die Dölziger Brücke bildet eine imaginäre Grenze — einen Textilstrand. Vielleicht aber sollte man den Kanal ganz einfach für das nehmen, was er ist: ein Leipziger Phänomen.

Eingeleitet unter anderem durch das Wirken von Karl Heine vollzogen sich bis in die siebziger Jahre des 19. Jahrhunderts die wesentlichsten Übergänge zu einer modernen Industriestadt. Um 1870 hatte die Einwohnerzahl die Grenze der Hunderttausend überschritten. Die differenzierte Bevölkerungsstruktur, nun mit einer zunehmenden Zahl von Arbeitern, drückte sich selbstverständlich auch in einer, fast könnte man sagen, klassenpolarisierten Aufteilung der Landschaft aus. Die reichsten Unternehmer bezogen schloßartige Landsitze, davon ist heute noch das »Weiße Haus« der Familie Herfurth in Markkleeberg zu sehen. Der *Herfurthsche Park*, der jetzt zum Gelände des *Agra-Parkes*, einem der wichtigsten Naherholungsgebiete der Leipziger, gehört, ist ein Beispiel dafür, daß in dieser Phase des Kapitalismus die Unternehmer wieder, ähnlich wie zu Sternburgs Zeiten — nun aber ohne irgendeine Idealkonzeption —, ihren privaten Bereich vor die Stadt schoben. Ganz ähnlich sah es in *Prödel* aus. An diesen Landsitz, der einst auch der Herfurth-Dynastie gehörte und inzwischen der Braunkohleförderung weichen mußte, erinnern nur noch einige barocke Sandsteinfiguren. Im städtischen Bereich war das Bild ähnlich. Die reichsten Bürger wohnten im Westend, dem aufwendig trockengelegten Sumpf- und Seengebiet. Im Musikerviertel neben dem heutigen Dimitroff-Museum entstanden prächtige Villen im Stil der Neorenaissance und des Neobarocks. Alleen und Reitwege, die bis zur Rennbahn führten, verbanden diesen Stadtteil mit einer weitläufigen Parkanlage, dem heutigen *Clara-Zetkin-Park*. Das »bessere«, wenn auch nicht ganz so reiche Bürgertum versuchte, die natürlichen Voraussetzungen der Stadt für sich so angenehm und gewinnbringend wie möglich auszunutzen. In der typischen Mischung von Grundstücks- und Mietspekulation einerseits und ehrgeiziger Gigantomanie andererseits war 1911 ein Architekturwettbewerb für die Bebauung der Frankfurter Wiesen — in der Nähe des heutigen Sportforums — angeregt worden. Als Ergebnis der Ausschreibung entstand ein Projekt, das nicht nur die Zusammenfassung mehrerer kleinerer Flüsse, unter anderen der Nahle, der alten Elster und des Kuhburger Wassers, sondern auch eine komplexe Uferbebauung vorsah, zu der eine Schule, eine Kirche, teuere Wohnungen und schließlich eine 20 Hektar große Ausstellungsfläche mit Festhalle gehören sollten. Doch nur das Elsterbecken von 2,5 Kilometer Länge und 168 Meter Breite wurde gebaut. Der größte Teil der Anlage, die die Hamburger Alster zum Vorbild hatte, blieb Illusion. Der erste Weltkrieg und erbitterte Konkurrenzkämpfe bei der Bauausführung setzten den Umgestaltungsplänen ein Ende. Obwohl viele spekulativ-fragwürdige Erscheinungen dieses Projekt begleiteten, bleibt doch interessant, daß versucht wurde, innerhalb einer bereits stark zersiedelten Landschaft Architektur in einen gleichwertigen landschaftlichen Rahmen zu stellen. Dieses Bemühen, auf Teilbereiche beschränkt und einer bestimmten Bevölkerungsschicht vorbehalten, erwies sich als bedeutsam für die weitere Stadtgestaltung. Schon 1899 war ein ähnliches Anliegen unweit von diesem Standort mit dem *Palmengarten* durchgesetzt worden. In der Anlage dieses Gartens — auf einer Fläche von 225 000 Quadratmetern — verband sich traditionelle Parkgestaltung mit neuen Überlegungen, die sowohl Erholung, Bildung und Gastronomie als auch die Präsentation exotischer Pflanzen berücksichtigten. Schon damals fügte man — seitdem wurde in Leipzig häufig auf diese Methode zurückgegriffen — schöne und interessante Details aus verlassenen Anlagen in die neue Gestaltung ein: Die Permoser-Figuren aus Apels Garten fanden nun Aufstellung im Palmengarten.

Wenig Grün, statt dessen eine extrem hohe Konzentration von Bausubstanz, das war charakteristisch für die Wohnquartiere der Arbeiterklasse in Plagwitz, Leutzsch und im Leipziger Osten. Die Natur lag nicht vor der Haustür und mußte erwandert werden, was die Nahverkehrsmittel — ab 1895 verkehrte die »Elektrische« — zumindest erleichterten. Das Erholungsangebot für die Arbeiter war ungleich sparsamer als das für die Bürger. Kahnfahrten nach Connewitz und Bahnfahrten nach Rötha wechselten allenfalls mit einem Wochenendbesuch am *Auensee* ab, wo man tanzen oder aus Pappe nachgebildete Alpen am Seeufer betrachten konnte. Dennoch hat dieses Freizeitangebot wohl dazu beigetragen, daß die Mehrzahl der Leipziger, wenn nicht traditionsbewußt, so doch außerordentlich naturverbunden ist und sich nicht so einfach auf die von Hans Reimann geprägte Charakteristik festlegen läßt: »Mai guhdes Essen — mai scheenes Bädde — geene Krankhaid — unn ä bißjn Radjoh — da bin ich gligklich!«

In den achtziger Jahren des vorigen Jahrhunderts, also mit dem Einsetzen der Gründerzeit, wurden die Weichen für die Flächenausdehnung Leipzigs gestellt: Am 1. Januar 1889 wurden Reudnitz und Anger-Crottendorf eingemeindet, und im Laufe von weiteren fünfzig Jahren bezog man über 35 weitere ehemals selbständige Landgemeinden in das Stadtgebiet ein. Aber da waren noch die unzähligen Flüsse, die mehrmals im Jahr die Stadt mit Überschwemmungen bedrohten. Wir wissen durch Christian Gretschel um das filigrane Netz von Wasserarmen: Die Parthe mit Hasengraben, Ruitschkebach und Gerberwasser, die Pleiße mit Göselbach und Wachauer Wässerchen, der Mühl- und der Floßgraben, Batschke und Rödel, die Elster natürlich mit ihrer kaum übersehbaren Zahl von Zu- und Abflüssen, mit Mühlgraben, Funkenburger Wasser, Nahle, Ochsengraben und … und … Nun mußte zum Schutz der großen Investitionen weiter investiert werden. Flüsse wurden begradigt oder überbaut, Flutbecken und Kanäle mit befestigten Ufern angelegt. Die Stunde der natürlichen Flußläufe hatte geschlagen. Um 1800 wäre Leipzig ohne sie nicht denkbar gewesen; am Ende des Jahrhunderts waren sie entschieden im Wege.

Wer kann sich heute noch vorstellen, daß Poniatowski, der berühmte General der Völkerschlacht, »in undis Elystri«, in den Fluten der *Elster* umgekommen sein soll? Jene Fluten fließen längst — es waren eigentlich die des *Elstermühlgrabens* — unterirdisch. Ihr einstiges Flußbett ist heute ein Hohlweg zwischen Häuserzeilen.

Ein Ende der Veränderungen? Das wichtigste Stichwort für Leipzig heißt bekanntlich Braunkohle. Mit ihrem Abbau sind gleichzeitig die gewaltigsten Flußverlegungsmaßnahmen verbunden, die dieses Gebiet je erlebt hat. Schon in den fünfziger Jahren wurde die *Pleiße* bei Böhlen verlegt, 1977 konnte das etwa elf Kilometer westlich um den Tagebau Zwenkau geführte neue Bett der *Weißen Elster* geflutet werden. Damit war die Voraussetzung geschaffen, um in diesem Tagebau bis zum Jahr zweitausend Kohle fördern zu können. Zunächst jedoch ein Blick zurück zum Beginn unseres Jahrhunderts. Der Schutz Leipzigs vor Überschwemmungen, Regulierungs- und Flußverlegungsmaßnahmen war immer nur die eine Seite der groß angelegten Unternehmungen. Darüber hinaus mußte gezeigt werden, wer man war: Technische Perfektion, industrielle Potenz, »deutsche Wertarbeit« schlechthin — all das sollte manifestiert werden. Zuweilen hat sich die Stadt bei diesen Projekten übernommen. Von dem, was realisiert worden ist, beeindrucken besonders die *Hochflutbecken* von Pleiße und Elster, das eine bei Connewitz und das andere bei Knauthain beginnend. Sie sind im Normalfall wasserlos, können aber bei extremen Bedingungen ungeheure Wassermassen aufnehmen; Leipzig verfügt im Pleißegebiet über ein Rückhaltevermögen von 66 Millionen Kubikmetern. Der Normalfall heute: landwirtschaftliche Nutzung der Wiesen, die sich zwischen den Dämmen hinziehen. Für die Flüsse selbst sind Flutbecken angelegt worden, die vor allem begradigen und eindämmen, also das Wasser zu einer planbaren Größe machen. Über die Schutzfunktion hinaus hatten die meisten der gefundenen Lösungen auch landschaftsgestaltenden Charakter. Architektonisch gelungene, interessante Ensembles — so am *Palmengartenwehr* — wirkten bald wie kleine Oasen in der dichter und dichter bebauten Stadt. Zu wichtigen Anlagen, die das Gesicht der Landschaft vor der Stadt prägten, wurden die Stauseen. Neben den *Rückhaltebecken von Stöhna und Borna* — auch sie entstanden in der Folge des allgegenwärtigen Kohleabbaus — sind es vor allem der *Pleißestausee bei Windischleuba* und der *Elsterstausee bei Bösdorf*. Während der erstere neben seiner Schutzfunktion hauptsächlich die des Brauchwasserspenders erfüllt, verlief die Geschichte des Elsterstausees schon etwas bewegter. Ursprünglich angelegt als Landeplatz für Wasserflugzeuge, diente er dann zu Erholungszwecken. Als jedoch feststand, daß unter dem See zehn Millionen Tonnen Kohle lagern, setzte die Planung zur Kohleförderung ein. Doch bei dieser Entscheidung wurden die Interessen der Bewohner der umliegenden Siedlungen nicht vergessen. Durch eine Riegelwand sind im Nordteil des Sees fünfzig Hektar Wasserfläche, die seit 1982 wieder geflutet wurden, für die Erholungsuchenden erhalten geblieben. Diese Lösung, die nicht nur ökonomischen Interessen gerecht wird, hat einen wichtigen Einfluß auf die Zukunft des gesamten Gebietes und macht, trotz des gewaltigen Aufwandes, die Maßnahmen vertretbar.

Im Zusammenhang mit der Erschließung des Tagebaues Zwenkau stand die bereits erwähnte Verlegung der Weißen Elster. Sie ist ein Beispiel für Landschaftsveränderungen, die mit konzeptionellem Weitblick in Angriff genommen wurden. Für das neue Bett der Elster mußte sechsmal soviel Erde bewegt werden wie beim Anlegen des Stausees Bösdorf, nämlich drei Millionen Tonnen. Der Flußlauf führt jetzt an der Westseite des Tagebaues entlang, dem schon Eythra als weitere Ortsverlegungsmaßnahme unseres Landes gewichen ist. Die neuen Ufer mußten betoniert werden, um ein Eindringen des Flußwassers in den Tagebau zu verhindern. Trotzdem war das nur der kleinste Teil dieses Riesenprojektes, denn noch weit mehr war zu bewältigen: Einrichtungen zur Verminderung der Fließgeschwindigkeit des Wassers; die im mitteleuropäischen Flußbau einmalige vier Meter hohe Gefällstufe aus Stahlbeton; ein bewegliches und ein feststehendes Wehr zur Regulierung der Leipziger Flüsse bei Hochwasser; die Bereitstellung von Brauchwasser für das Petrolchemische Kombinat »Otto Grotewohl« Böhlen und den Leipziger Gemüseanbau; schließlich der Bau von vier Brücken; die Verlegung der Eisenbahnstrecke Leipzig—Zeitz auf einer Länge von zwölf Kilometern und die für alle Bauvorhaben notwendige Absenkung des Grundwassers um acht Meter, die wiederum eine Neuanlage des Wasserversorgungssystems für die ganze Umgebung bedeutete. Neben dem Hochwasserschutz — an gefährdeten Stellen wurde der Unterbau des Flußbettes derart verstärkt, daß die Deiche jedem Druck standhalten können — hat man bei der Anlage des neuen Flußlaufs eine mögliche Funktion als Naherholungsziel berücksichtigt, denn bewaldete Uferpromenaden sind eingeplant. Und gerade die Überlegungen, die darauf gerichtet sind, jeden nur irgend möglichen Landschaftsbereich für Erholungszwecke attraktiv zu machen, sind besonders wichtig, bedenkt man, daß bestimmte Naherholungsziele, so der *Pleißestausee Rötha*, der Braunkohle weichen mußten. Nach *Rötha*, zur schon legendären *Obstweinschänke*, konnte man um die Jahrhundertwende sogar per Sonderzug gelangen. Dieser Gasthof, nach Jahren des Verfalls wieder rekonstruiert, ist von Bergbaumaßnahmen nicht betroffen und erwartet auch in Zukunft die Leipziger und ihre Gäste.

Für den Außenstehenden ergibt sich ein merkwürdig gemischtes Bild: Wir konstatieren die große Zahl durchaus imposanter, neuer Projekte, die mit ihrer Verwirklichung immer wieder den kulturellen Fortschritt vorantrieben, aber auch die Verdrängung örtlicher Traditionen. Bis zu den komplexen landschaftlichen Umwälzungen unserer Zeit mußte jedoch ein Weg zurückgelegt werden, der bei den Wasserbauten im Zuge der ersten Besiedelungen begann und später vor allem die Leistungen der erfindungsreichen Pioniere des Frühkapitalismus einschloß.

Selbstverständlich ist ein gehöriges Maß an Phantasie erforderlich, um sich vorzustellen, daß in Leipzig neben einer Vielzahl Mühlen — der *Elstermühlgraben* und der 1983 zufällig bei Bauarbeiten wiederentdeckte *Pleißemühlgraben* bekunden ihren Betrieb — auch einst eine florierende Flößerei bestand. Auf dem zu Beginn des 17. Jahrhunderts fertiggestellten *Floßgraben* wurde Holz aus dem Vogtland bis in die Nähe des heutigen Stadtzentrums transportiert. Albin Kutschbach berichtet davon 1926 in seinen »Jugenderinnerungen eines alten Leipzigers«: »Sobald es an einem

Orte des Voigtlandes ins Wasser gelassen worden war, machten sich mehrere Männer rechts und links der Pleiße auf den Weg, um mit langen Stangen das etwa unterwegs an den Ufern hängen gebliebene Flößholz abzustoßen und wieder in die richtige Strömung zu bringen. Diese Leute hatten einen gar langen Weg nach Leipzig zurückzulegen, immer den vielfachen Krümmungen der Pleiße durch dick und dünn und Moräste folgend!« Die Flößerei gehört der Geschichte an, und längst ist der Bootsbetrieb zwischen *Palmengartenwehr* und *Connewitz* eingestellt, zu Ende auch der 1862 mit großem Pomp begonnene Routineverkehr von Passagierdampfern auf Elster und Elstermühlgraben. Daß es einst ein Gewerbe der Elsterfischer gab, will fast zweifelhaft erscheinen.

Gerade für Leipzig hatte die Wechselbeziehung zwischen der Stadt- und Landschaftsentwicklung, der Industrialisierung und dem Zustand der Gewässer prägenden Charakter. War die Pleiße hier um 1900 noch ein gepriesenes Wassersportzentrum, floh man schon in den dreißiger Jahren zur Elster. Um wenigstens diesen Fluß lebensfähig zu erhalten, leitete man alle Abwässer konsequent in die Pleiße, deren Zustand durch Unrat und Ratten dann so unerträglich wurde, daß der einzige Ausweg darin lag, sie von der Halde Bauernwiesen aus unterirdisch durch die Stadt zu führen. 1956 war die Pleiße unter der Stadt verschwunden. Der Preis dafür war der Verlust eines für Leipzig charakteristischen Flußlaufs. Das zu einer Zeit, als man die sichtbaren natürlichen Wasservorkommen in der Stadt längst an einer Hand abzählen konnte. Die Zeit der Insel »Buen Retiro« in einem der Seen der Westvorstadt und der aufsehenerregenden Leipziger Gärten, der künstlichen Kanäle, deren einer klangvoll »grand canal sur le quel on se promene en bateau« beschrieben wurde, waren bereits Geschichte. Um 1910 endete die Tradition des Fischerstechens, die 1714 auf jenen Kanälen geboren worden war. Die Reminiszenz an diese Kanäle erhält Bedeutung, wenn man berücksichtigt, daß sie eigentlich die einzigen Ausnahmen der nach rein praktischem Nutzen und in möglichst perfekter technischer Ausführung angelegten künstlichen Gewässer sind. Auch die Mühl- und Floßgräben mußten genau wie die Flutbetten ihren praktischen Zweck erfüllen. Die ästhetische Komponente wird allenfalls von uns in diese Bauwerke vergangener Jahrhunderte hineininterpretiert. Erst als man im zwanzigsten Jahrhundert sehr nachdrücklich mit negativen Merkmalen einer modernen Großstadt — Stadtverödung, Zersiedelung und Naturverlust — konfrontiert war, setzte das Verständnis für eine harmonische Eingliederung künstlicher Flußläufe in die Landschaft ein. Jetzt konnten die Kanalschöpfungen der Leipziger Gärten als Anregung dienen, mußten jedoch in ganz neue Dimensionen umgesetzt werden. Nur in diesem Sinne versteht sich die Wirkung des *Elster-Luppe-Kanals*, der vom großen Elsterbecken ausgeht und dann den gleichen Bogen wie die nordwestliche Aue beschreibt. Zwar sind auch wiederum die technischen Details beeindruckend, so das Sicherheitssystem beim Nahlezufluß in der Nähe von Wahren, aber der Kanal mit seinen harmonisch eingepaßten Brücken, der ausgewählten Bepflanzung und der optimalen Anpassung an die natürliche Landschaft wirkt mehr noch als Verwirlichung eines ästhetischen Programms, als Zeichen eines landschaftsbewußten Umdenkens. Eine Wanderung vom *Haus Auensee* in Wahren auf der rechten Kanalseite vorbei an Lützschena mit einem Blick auf den Park, vorbei an Papitz bis zur Brücke der Dölziger Straße erschließt den Reiz dieser großartigen Anlage. Rechts vom Kanal liegt die alte, mäanderreiche Luppe, ausgetrocknet im Sommer und überflutet im Frühjahr. Man kann den Weg noch bis zum Luppe-Wehr fortsetzen. Dort verläßt der Fluß den Kanal, unterquert die Autobahn am *Stausee von Kleinliebenau* und führt hinein bis in die Saaleflußlandschaft. Dort liegt der Ort Wallendorf, heute Ausgangspunkt eines Tagebaues, der sich einmal bis hinein in die nördliche Aue im Bereich der Autobahn erstrecken soll. Das bedeutet eine Unterbrechung zwischen Auen- und Saale-Gebiet und zeigt an, daß sich die Kohleklammer nicht nur im Norden und Süden, sondern auch im Westen um Leipzig schließt. Die nördliche Aue allerdings bleibt unangetastet. Jede Annäherung an Geschichte und Gegenwart der Auenlandschaft muß zwangsläufig ein grundsätzliches Problem berühren: das immerwährende, konfliktgeladene Aufeinandertreffen von natürlicher und künstlicher Landschaft. Die eine, vom Menschen vorgefunden, die andere als Produkt menschlicher Tätigkeit.

Was fanden die ersten Bewohner vor? Zunächst eine Landschaft, die in langen erdgeschichtlichen Zeiträumen vom Rotliegenden — vor etwa 230 Millionen Jahren —, nach Perioden der Überschwemmung, Versumpfung und des erneuten Vulkanismus, in denen die für uns wichtigen Kohlevorkommen entstanden, bis zur Eiszeit ein eigentümliches Gesicht bekommen hat. Die ersten Bewohner beuteten die Natur äußerst erfindungsreich aus, betrieben Fischfang und Viehzucht in den feuchten Flußtälern und nutzten die lehmigen Hochufer für den Ackerbau. Die dazwischen gelegenen Terrassen boten Sicherheit für die ersten Ansiedlungen, deren Bauformen wiederum weitgehend von der Gestalt der Terrassen abhingen. Wenn in heimatkundlichen Lektionen von Rundling, Straßen- oder Sackgassendorf gesprochen wird, so heißt das, daß sich die Plateaus entweder lang hinstreckten, bis zum Flußufer reichten oder räumlich sehr begrenzt waren. Die Baumaterialien stammten selbstverständlich aus der Umgebung, aus den holzreichen Wäldern und den Lehmgruben. Ganz organisch haben sich so der Landschaft angepaßte Baugestalten entwickelt, die von der Architektur eines einzelnen Gebäudes bis zur Struktur der Siedlung reichen. Die Häuserzeilen an den Ufern zum Beispiel nahmen die sanften Schwünge der Flüsse auf, folgten so dem landschaftlichen Rhythmus. Hinter dieser kontinuierlich gewachsenen Kulturlandschaft verbirgt sich etwas noch Wesentlicheres: Die Menschen haben sich bewußt als einen Teil der Natur begriffen. Dieses Verständnis für die Mensch-Natur-Abhängigkeit hat sich erhalten, bis in der Gründerzeit die Enthusiasten einer unbedingten Technikgläubigkeit begannen, jede Naturverbundenheit zu denunzieren.

Die Stadt *Schkeuditz*, einer der Eckpunkte der nordwestlichen Aue, illustriert noch heute diesen historischen Entwicklungsgang. Blickt man von der Elster aus zum Ort hinauf, findet man leicht die harmonische Linie, die von Berghang und Häuserzeilen gebildet wird. Dicht aneinander reihen sich die Gebäude; die Dächer nehmen noch einmal den Schwung der Hochfläche auf. Bäume unterbrechen kontrastreich die Linienführung. Der zweite Blick jedoch offenbart: Weiß, grau, ja rosa und grün verputzte Fassaden ergeben ein Farbdurcheinander. Zahllose Schuppen, Garagen und Rümpelberge breiten sich auf den Terrassen flußwärts aus. Schkeuditz ist kein Einzelfall; auf derartiges trifft man auch in anderen Ortschaften an den Flußhängen. Das hat Gründe. Bevor der stürmische technische Fortschritt einsetzte, waren die einzelnen Orte — für uns heute eine geringe Entfernung — in jeder Beziehung weit voneinander entfernt. Die große Stadt Leipzig beeinflußte kaum das Leben auf dem Lande. Das vollzog sich in althergebrachter Weise, folgte den Abläufen der Natur. Die Schmuck-fassaden der Häuser zeigten zur Gartenseite, dahin, wo Aue und Fluß lagen. Das braune Fachwerk war in seiner Vielfalt gleichsam das Spiegelbild verästelter Baum-kronen. Der Straße, die von hier wegführte, galt höchstens ein notwendiges, geschäfts-mäßiges Interesse. Liebe und Sorgfalt aber fanden talwärts ihre Bezugspunkte. Gärten und schattige Sitzplätze entstanden, Parks wurden von reichen Bewohnern angelegt. Arbeit und Muße hatten nur ein Territorium, eine Handlungsrichtung: die Landschaft. Der Umgang mit ihr mußte behutsam sein, denn sie war Lebensinhalt für die Bewoh-ner und Refugium für die Gäste aus der Stadt, die sich hier glaubhaft die Illusion einer heilen Welt bewahrten.

Befanden sich die Natur und die Aktivitäten der in ihr lebenden Menschen über viele Jahrhunderte in einer relativ harmonischen, sich aber in jedem Falle bedin-genden Beziehung, so hat die mit dem Kapitalismus einsetzende Industrialisierung zu Gegensätzen geführt, die heute nur mühsam in ein neues, sinnvolles Verhältnis gebracht werden können. Denn die neuen Industriestandorte veränderten nicht nur die Landschaft, sondern auch die gesamte Mensch-Umwelt-Beziehung. Die Produk-tionsstätten brauchen Arbeitskräfte, und diese kamen nicht nur aus den Städten selbst, sondern auch aus der näheren Umgebung. Neue Verkehrseinrichtungen ver-kürzten die Entfernungen. Aber das Heranrücken der Stadt war nicht nur eine Frage von Kilometern: Der Kapitalismus übte seinen Konsumzwang unerbittlich aus. Die Kultur einer industriellen Massenproduktion begann ihre Spuren zu hin-terlassen. Von der Art und Weise des Bauens reichte der Einfluß bis in die persön-lichste Umgebung. Attraktiv war, was aus der Stadt kam, und das Interesse für die Stadt bedeutete gleichzeitig ein gewachsenes Interesse für die Straße, die wegführte von der gewohnten Landschaft. Die Straßenseiten der Häuser, denen man früher wenig Beachtung geschenkt hatte, wurden jetzt zum Feld der Fassadenprotzerei: Im Detail wurde die Stadt nachgeahmt; Altes und Neues prallten aufeinander, ohne recht zu einer Synthese zu finden.

Unterhalb der bebauten Hänge jedoch hat die Aue nur wenig von ihrem ur-sprünglichen Zauber eingebüßt. Der reizvolle Wechsel von Wasser, Wald und

Wiesen läßt keine Einförmigkeit zu. Es gibt hier keine langweiligen Ebenen, kein fades Waldstück, überall öffnen sich eigenwillige Blicksituationen. »Man pflegt hier in vielen Familien den Sommer über auf den benachbarten Dörfern zu kampieren und das Land zu genießen ...« schrieb 1785 Friedrich Schiller an den Buchhändler Christian Schwan. Zehn Jahre später erinnert er sich in seinem großen Gedicht »Der Spaziergang« vielleicht auch an die Leipziger Auen: »... Kräftig auf blühender Au erglänzen die wechselnden Farben, / Aber der reizende Streit löset in Anmut sich auf, / Frei empfängt mich die Wiese mit weithin verbreitetem Teppich, / Durch ihr freundliches Grün schlingt sich der ländliche Pfad ...« Schillers Verszeilen scheinen uns jetzt, da viele Menschen die Nähe zur Landschaft bewußt suchen, besonders aktuell zu sein.

Zunächst muß ein Naturführer angeschafft werden. Die eigene Ratlosigkeit angesichts der Vegetationsvielfalt in den Auen nimmt zuweilen beschämende Ausmaße an. Erlen, Ulmen, Eschen, Eichen und Ahorn prägen das Gesicht der Auenwälder. Dichtes Unterholz gestattet es oft nicht, die Wege zu verlassen. Es sei denn, man hat seine Kleidung auf die Expedition eingerichtet. In einem Wanderführer von 1912 lassen sich entsprechend gut gemeinte Hinweise nachlesen: »Der Anzug darf alt sein, niemals: zerrissen, ungebürstet und ohne Knöpfe ... Rock ohne aufgenähten zwecklosen Schmuck ... Hose: Rippelsamt, Loden oder poröses Tuch — jedenfalls widerstandsfähig und farbecht ... Lange Hosen kaum zu empfehlen, wennschon, dann in Schaftstiefel gesteckt und durch Gamaschen geschützt. Unterhosen sind unnötig, wenn man oft badet oder waschbare Hose trägt ... Hemd: von Baumwolle oder Flanell, möglichst nicht weiß, auch nicht mit steifem oder hohem Kragen, trotzdem sauber. Halsschleife oder -knoten zum Selbstbinden ... Für die kalte Jahreszeit Weste, Ärmelweste oder Wollschwitzer ... Strümpfe von Wolle, möglichst nicht gestopft ... Wenn möglich lange Strumpfbänder (an den Hosenträgern oder am Gürtel befestigt) ... Mädchen rüsten sich nach genau denselben Grundsätzen aus, im einzelnen so: Bluse, fußfreier Rock, Turnhose, lange Wollstrümpfe mit dehnbarem Band am Leibchen befestigt. Samtmütze oder Lodenhut, ein biegsamer Strohhut ist im Sommer besser und schöner. Niemals Hutnadeln, schnürende Strumpfbänder, lange Kleider, steife Kragen und

Armröllchen, Korsett!« Fast zwangsläufig folgt dann noch die Kurzformel zum Merken: »Am Stiefel frischer Schmutz daran. Ist Ehre für den Wandersmann. Doch alter Dreck am Schuh beweist: Der Mann ist schamlos, faul und dreist.« Wer vorbereitet wandert — insofern sollte man die Hinweise nicht völlig belächeln —, wird viel entdecken können, mehr als die Unzahl von Insekten tagsüber, mehr auch als die Rehe am Abend.

Das manchmal urwaldartige Dickicht wird immer wieder von Lichtungen unterbrochen, von denen keine der anderen gleicht. Geringe Höhenunterschiede, ein unverhofft auftauchender Kolk — also ein durch Mäandrierung abgetrenntes Stück Flußlauf — bringen beständig Abwechslung. Auch verlassene Lehmgruben, in denen sich Grundwasser angesammelt hat; freistehende monumentale Baumgruppen werden zum Blickfang. Vielleicht liegt gerade dort eine der wenigen, selten gewordenen Reiherkolonien: Schon das geringste Geräusch kann die Nahrungssuche dieser Vögel unterbrechen, und sie steigen majestätisch auf. Oben, irgendwo in den Wolken, scheint ihre Körperlichkeit im Licht aufzugehen — Zauber der Verwandlung. Nicht allein im Rhythmus der Jahreszeiten.

Der Winter, dessen Weiß die großen Flächen noch weiter zu dehnen scheint, zeichnet bei tiefstehender Sonne die Bäume als riesige Konturen auf den Schnee. Nur in dieser Jahreszeit treten sie als imposante Einzelwesen in Erscheinung. Dazwischen, auch im Winter undurchdringbar, vom Rauhreif überzogenes Unterholz wie überdimensionale Eiskristalle. Gräben und Wasserlöcher sind zugefroren, und die späte Novemberfeuchte, die sich in alten, längst ausgetrockneten Flußbetten niedergeschlagen hat, läßt diese noch einmal als Eisbänder in der Landschaft erscheinen. Alte Schkeuditzer schwärmen noch heute abends beim Bier in der »Elsteraue« davon, wie sie sich als Kinder per Schlittschuh von hier aus ins Leipziger Rosental aufmachten.

Im Frühling, wenn der schmelzende Schnee die Wiesen in unpassierbare Sumpfflächen verwandelt, wird aus dem winterlichen Märchen alljährlich ein Alptraum. Noch im April ist die Aue feucht, doch da überzieht sie schon ein endloser Bärlauchteppich mit seinem unausweichlich intensiven Geruch. Eigentümlich, daß die Auenwälder hauptsächlich in einer Farbe blühen: Weiß zuerst die Märzenbecher, dann gelb die Himmelschlüssel und Goldsterne und wieder weiß der Bärlauch, gefolgt vom zarten Rosa des Wiesenschaumkrauts. Zum Frühjahr gehören auch die zurückkehrenden Singvögel — nicht mehr 269 Arten wie einst, genug trotzdem, um Idylle herzustellen.

Die legendäre Jahreszeit aller stechenden Insekten ist der Sommer. Es stimmt, wenn Goethe bemerkt, daß die Mücken »zur besten Jahreszeit keinen zarten Gedanken aufkommen lassen«. Aber es ist auch die Zeit tausendfacher Abstufungen grüner Farbtöne. Die Natur wirkt satt und träge; bewegungslos liegt sie im flirrenden Licht. Ab und zu belebt eine Schafherde das Bild, zuweilen kreist ein Milan über den Wiesen. Erst die langen Landregen, die den Herbst ankündigen, bringen wieder Leben in die Landschaft. Mit ihnen kommt eine ganz neue Farbigkeit in Gelb, Braun und Rot. Langsam steigen gegen Abend Nebel aus den Flußtälern auf, verschlingen auf geheimnisvolle Weise das Unterholz und die Stämme der Bäume, lassen allein die Kronen wie schwerelos über dem fahlen Dunstlicht schweben. Manchmal steht der Nebel unbeweglich und löst sich nur zögernd nach mehreren Tagen auf. Ganz allmählich gewinnt dann wieder alles die gewohnte Gestalt. An einigen Stellen jedoch scheinen Kulissen dieser unheimlichen Stimmung zurückgeblieben zu sein: Unvermittelt steht man vor zersplitterten Brückengerippen. Sie führen über keinen Fluß, verbinden keine Ufer; der Wald beginnt über sie hinwegzuwachsen. Symbole der Vergänglichkeit? Eher Erinnerungshilfen daran, wie Vergangenheit und Gegenwart auch verbunden sein können. Am Elsterübergang auf dem Weg von Rüssen nach Wiederauf ist das rechte Flußufer betoniert, steht unter menschlicher Kontrolle. Nichts Unerwartetes, Unkalkulierbares kann geschehen. Hier haben Menschen regulierend in die Natur eingegriffen. Ganz anders das linke Ufer: Sanfte Hänge mit verwildertem Buschwerk, dazwischen das Federvieh der Bauern. In dieser Flußbiegung hat das Wasser die Erde abgespült und so ein kleines Steilufer hervorgebracht. Der Brückenübergang mit seinen zwei Gesichtern, ein kleiner, ganz unwesentlicher Punkt in der Landschaft, demonstriert noch einmal die Geschichte des Leipziger Landes zwischen Natur und menschlichem Eingriff, zwischen Ursprünglichem und Neuem. Und oft, wenn die alten Auenbewohner vom Hochwasser erzählen, das zweimal jährlich kam, im Frühling nach der Schneeschmelze und im Herbst mit den Novemberregen, stellt sich die Frage, was wäre heute, wenn es diese Eingriffe nicht gegeben hätte? Die Augenzeugen berichten von Wasserflächen, die bis nach Lindenau reichten, von überfluteten Kellern, aus denen die Lebensmittel herausgespült wurden, auch davon, daß man nach Abfluß der Wassermassen die zurückbleibenden Fische mit der Hand fangen konnte. Die Wirtin vom alten »Bürgergarten«, einem schon lange geschlossenen Ausflugslokal, erzählte, daß Alarm geschlagen wurde, wenn bestimmte, durch die Erfahrung vieler Generationen genau bezeichnete Wiesen feucht wurden. Dann war Hochwasser im Anzug. Die Türen im Erdgeschoß aller Häuser im Tal wurden vermauert und Kähne bereitgestellt. Da klingt auch Christian Gretschel glaubhaft, wenn er in seinem Leipzig-Buch vermerkt: »Im Frühjahre glichen öfters die Gefilde … einem tobenden See …«

Andererseits verdankt natürlich die Aue ihr ganzes Erscheinungsbild dem Wasser. Der Wechsel von Trockenheit und Feuchtigkeit hat eine ganz eigentümliche Tier- und Pflanzenwelt hervorgebracht. Doch man muß sehr deutlich sagen: Was wir vorfinden, sind schöne und reizvolle Reste des einstigen Reichtums. Für die Auen, deren Naturausstattung, so der Fachausdruck, noch immer reich wirkt, bestehen weiterhin zwei Faktoren: planbare Erhaltung und ernsthafte Gefährdung. Obwohl insgesamt als Landschaftsschutzgebiet mit eingestreuten Naturschutzgebieten ausgewiesen, ist nicht sicher, ob es die stolzen Reiher hier noch lange geben wird. Die Amphibien zumindest, ihre Nahrungsgrundlage, sind gefährdet, denn der Grundwasserspiegel sinkt durch die herannahenden Tagebaue ständig. Dazu kommt, daß das Flußwasser verschmutzt ist. Es werden außerordentliche Anstrengungen unternommen, um diesen Mißstand zu beseitigen, der seine Wurzeln bereits in den kapitalistischen Fabrikgründungen hat. Nach einer Abwasserreinigungsanlage im Böhlener Chemiebetrieb arbeitet seit Ende 1983 eine biologische Kläranlage im Espenhainer Braunkohleveredlungswerk — 65 Prozent der Pleißeverunreinigungen kamen bisher aus Espenhain — mit ihrer ersten Baustufe. Sie hat 69 Millionen Mark gekostet und kann täglich aus 1 300 Kubikmetern Wasser über 70 Prozent der organischen Schmutzlast herausfiltern. Das Gesamtprojekt wird die Kostengrenze von 100 Millionen Mark erreichen. Damit gehören die weißen Phenolteppiche, die sich über den Fluß schoben und sich an Brücken und umgestürzten Bäumen zu hohen Pyramiden auftürmten, um dann flockenweise vom Wind durch die Landschaft geweht zu werden, der Vergangenheit an.

Gleichermaßen intensiv wird dem Problem des Schwefeldioxids in der Luft zu Leibe gerückt. Die Beimengung von trockenem Kalkstein zur Braunkohle im Verbrennungsprozeß — fachmännisch heißt diese Methode Kalksteinadditivverfahren — wird immer mehr die Folgen des Oxids abbauen. Ein weiteres, auch Leipziger Problem ist die Luftverschmutzung. Sie steht zunehmend unter Kontrolle. Im Bezirk Leipzig sind 525 Industrieanlagen überprüfungspflichtig; die Leistung ihrer Entstaubungsfilter wird überwacht. Allein seit 1979 wurden in 26 Leipziger Betrieben Entstaubungsanlagen installiert. Die berechtigte Sorge der Leipziger um ihre Umwelt — schon am Montag morgen finden sie häufig die am Wochenende gewaschenen Autos überzogen von einer kristallinen Schmutzschicht — wird nicht nur zur Kenntnis genommen, ihr wird Rechnung getragen. Das belegt auch die Tatsache, daß im Bezirk von 1976 bis 1983 in den Bereichen der Kohle-, Energie- und Chemiebetriebe 200 Millionen Mark für Umweltschutz investiert wurden. Hinzu kommt — und dies betrifft in starkem Maße auch die Auennutzung —, daß sich in bestimmten Bereichen die landwirtschaftliche Großraumwirtschaft als ungeeignet erwiesen hat und nun die Bewirtschaftung kleinerer Felder wieder mehr Beachtung findet. Das wirkt sich selbstverständlich günstig auf die Auenbiotope aus. Damit sind die großen Belastungen für den letzten Leipziger Naturraum zwar nicht beseitigt, doch aber stark eingedämmt und in erträgliche Grenzen gebracht. So wird, auch eingedenk der heranrückenden Tagebaue, weiterhin Gültigkeit besitzen, was Christian Gretschel schrieb: »Die große Ebne, aus deren Schooß die Stadt sich erhebt, sieht ihre, von laubumkränzten Waldungen, grünenden Wiesen und fruchtbaren Feldern erzeugte, natürliche Anmuth durch die Menge der freundlichen Dörfer, häufig durch Landhäuser der Städter geziert, auf das Ansprechendste erhöht. So findet das Auge, wenn auch nicht die Abwechslungen, welche das Dasein bedeutender Höhen gewährt, doch die angenehmste Befriedigung, während manche andere auf Leipzig mit Stolz herabblickende Städte des Wanderers Gruß nur mit Sand- und Staubwolken erwidern ...«

Man darf bei der Betrachtung dieser Landschaft, besonders wenn man die Entwicklungsgeschichte berücksichtigt, nicht vergessen, daß die Unternehmungen, die so viel wie nie zuvor für die Menschen und die Umwelt brachten, das Ergebnis eines neuen, in den letzten Jahren gewachsenen gesellschaftlichen Problembewußtseins sind. In einer solchen Komplexität standen die Probleme vorher nicht auf der Tagesordnung. Lange sah es so aus, als würde die doppelte Umklammerung der Landschaft durch Stadtwachstum einerseits und Kohleabbau andererseits die Naturbeschädigung an nicht mehr reparable Grenzwerte führen. Daß die Leipziger in anderen Gebieten Erholungsmöglichkeiten suchten, scheint angesichts der noch vorhandenen Umweltbelastungen begreiflich.

Durch die wenig erfreuliche Wirklichkeit wurden die alten Wanderbücher, in denen man majestätische Eichen, versteckte Kolke und romantische Parks anpries, »während fortgesetzt Pirole flöten und der Kuckuck ruft und sogar manch Erdbeerlein blinkt«, ad absurdum geführt. Waren die Ausflugsgaststätten der Aue von *Wasserschänke* über den *Bürgergarten* bis zur *Domholzschänke* und zum *Waldkater* zu Beginn des Jahrhunderts noch wirkliche Attraktionen, wohin man zu Fuß pilgerte oder mit den Außenlinien der Straßenbahn gelangte, wußten um diese Möglichkeiten bis anfangs der siebziger Jahre oft nur noch Rentner. Zwar hatte sich die Natur sichtbar wenig verändert, bot auch nach wie vor das, was man sich unter Auenlandschaft schlechthin vorstellt: Wieseninseln im Wald, urwüchsigen Baumbestand, ständig wechselnde Bilder von Farben und Stimmungen, doch verändert hatten sich — ganz abgesehen von den damals allgegenwärtigen Umweltbelastungen — vor allem die Ansprüche an eine Erholungslandschaft. Und in diesem Sinne hat die nördliche Aue wenig zu bieten. Pläne, Parks zu restaurieren, neue Kleinparks anzulegen oder gar wie in Schkeuditz eine Pioniereisenbahn zu errichten, überstiegen zumeist die Kraft der kleinen Gemeinden oder sind ganz einfach von der Zeit überholt worden. So wird es noch lange eine Wunschvorstellung bleiben, daß sich eine komplexe Erholungslandschaft vom Auensee bis nach Kleinliebenau, dem Domizil vieler Dauerzelter, erstreckt. Natürlich muß sich die Frage erheben, warum die nördliche Aue nicht in größerem Umfang den gewandelten Ansprüchen angepaßt wird. Drei Gründe sprechen dagegen: Zunächst — es ist sinnvoll und richtig, möglichst unberührte Gebiete zu erhalten; sodann — die ökonomischen Möglichkeiten einer Stadt spielen eine entscheidende Rolle; und schließlich — das Defizit an Erholungsmöglichkeiten in der südlichen Aue zwingt zu einem großen Aufwand in diesem Gebiet. Denn dort ist der attraktive *Harth-Wald* verschwunden, auf dessen Gelände jetzt erst im Umfang von 1 600 Hektar wiederaufgeforstet wird, und weitere Waldflächen werden den Baggern der Tagebaue Espenhain, Zwenkau und Cospuden noch weichen müssen. Deshalb ist es notwendig, in der südlichen Aue, einbezogen auch die Möglichkeiten, welche die wieder urbar gemachten Flächen eröffnen, die vorhandene Substanz intensiv zu nutzen. Großen Erfolg hat der an der südlichen Stadtgrenze gelegene *Wildpark*, mit dessen Einrichtung 1979 begonnen wurde. Er beherbergt auf einem weitläufigen, 42 Hektar großen Gelände nicht nur einheimische Tiere wie Rehe, Füchse, Marder und Greifvögel, sondern auch Hirsche und Elche. Nicht zuletzt die dem Landschaftscharakter angepaßten gastronomischen Einrichtungen ziehen täglich Tausende Besucheran.

Noch größer und vielseitiger als der Wildpark soll sich in Zukunft der *Agra-Park* seinen Gästen darbieten. Er befindet sich auf dem Gelände des bereits erwähnten Herfurthschen Parks und wird im gärtnerischen und landschaftsgestalterischen Bereich künftig noch erweitert werden. Sein Charakter soll sich von der Anlage des Wildparks, welche die vorgefundene Natur kultiviert, zuerst in der Vielfalt des Angebots unterscheiden. Neben der Darbietung von Geschichte und Gegenwart der Land- und Forstwirtschaft nehmen wechselnde Blumenschauen, ein Wildgehege und vor allem auch in Beziehung zur Landschaft gesetzte Kunstwerke einen breiten Raum ein. Seine Beliebtheit allerdings ist jetzt schon kaum noch steigerungsfähig. Das ändert auch nicht die vierspurige Hochstraße, einzige Verbindung zwischen Leipzig und dem Süden der Republik. Sie führt über die Dächer von Gaststätten und Pavillons und erinnert die Besucher an die Kohlefelder in nächster Nähe.

Neben diesen beiden Anlagen ist bei den Leipzigern nach wie vor das *Rosental*, die zentrale, innerstädtische Grünfläche, beliebt. Obschon der vordere Bereich mit dem

Zooschaufenster, das im wahrsten Sinne des Wortes dazu angetan ist, die Besucher anzulocken, seine Ortstypik, die Besonderheiten der Aue, weniger erhalten hat als vielmehr das hintere Rosental. Dort sind eine schwankende Kettenbrücke und besonders der 1975 in Stahl wiedererrichtete Aussichtsturm auf dem Rosentalhügel Besucherattraktionen. Vom Turm hat man besonders im Frühjahr und im Herbst bei niedrigem Sonnenstand einen überraschenden Blick auf die Stadt. Ist die Sicht vom Universitätshochhaus immer zentral — ein Häusermeer ringsum und die Landschaft im Dunst —, erlebt man von diesem Aussichtsturm ein totaleres Panorama, das in gewisser Weise an die Stadtansicht von Alexander Thiele erinnert: Um das markante Uni-Hochhaus gruppieren sich die Hotel- und Wohnhausriesen des »*Merkur*« und der *Wintergartenstraße*. Die einstigen Wahrzeichen des alten Leipzigs, die Türme der *Thomas-* und der *Nikolai-Kirche* sind dagegen verschwindend klein. Unübersehbar ist das *Neue Rathaus*, dann immer wieder Schornsteine, alte und neue, und schließlich weit am Horizont der nie genutzte Hafen mit seinen Silos und die Hochhäuser von *Grünau* sowie der anderen neuen Wohngebiete *Mockau* und *Schönefeld*. Hier vom Rosental-Turm aus erschließt sich das Problem des Wohnungsbaus einer hochindustrialisierten Großstadt im direkten Vergleich: Beiderseits der Grünfläche, die den Turm umgibt, sieht man die monotone Gründerzeitbebauung von Gohlis, Möckern und Lindenau. Man weiß aber, daß die Wohnquartiere im Leipziger Osten noch trister gebaut wurden. Bauliche Monotonie wird zu Recht auch bei den Neubaukomplexen vor der Stadt beklagt. Allerdings kann man ihnen eines nicht absprechen, eine direkte Zuordnung zu Erholungsgebieten. So verfügen die Grünauer über den *Kulkwitzer See*, der auf einer zentralen Route quer durch das hunderttausend Einwohner zählende Gebiet zu erreichen ist. Die Lößniger erhalten nachträglich ihren *Silbersee* nebst Erholungspark, und den Wohnkomplexen von Schönefeld, Mockau und Thekla kommt ihre günstige Lage in der Parthenaue mit dem *Bagger*, einer zum Naturbad ausgebauten Kiesgrube, zugute. Am Bagger-Bad liegt auch der *Abtnaundorfer Park*, der noch heute die Struktur bürgerlicher Landsitzanlagen fast in originalem Zustand bewahrt hat. Hier ist erhalten, was an der *Eutritzscher Rietzschke-Niederung* und anderswo durch wilde und bedenkenlose Gewerbebebauung verlorenging.

Überhaupt lohnt in der nordöstlichen Aue eine Wanderung durch die Parthedörfer *Plaußig, Seegeritz* und *Cradefeld*, denn sie haben weitestgehend die Landschafts- und Siedlungsform in ursprünglicher Gestalt bewahrt. Die drei Ortschaften werden von den nördlich aus Richtung Delitzsch herannahenden Braunkohlebaggern verschont bleiben; andere erleben das Schicksal von Ortsverlegungen. Deshalb sind Neubaugebiete für *Paunsdorf* und *Engelsdorf* geplant worden, für ein Gebiet also, das auf reiche kulturelle Traditionen zurückblickt. Der Wettbewerb der Städteplaner brachte ein Novum: Nicht die rationellste Anordnung der Bauwerke allein gab den Ausschlag für den ersten Preis, sondern jener Vorschlag, der auf die lokale Kulturgeschichte einging und eine Verbindung von Landschaft und Wohngebiet suchte.

Der Blick vom Rosental-Turm umkreist das *Leipziger Stadtgebiet. Leipziger Landschaften* aber umfassen mehr als nur dieses, vor allem die Landschaften der Braunkohle und der Großindustrie, aber auch der ihnen vorgelagerten Ausflugsziele. Um das überblicken zu können, bedarf es eines anderen Standortes. Jeder in Schkeuditz von der Autobahn abbiegende Kraftfahrer entdeckt ihn selbst, den *Schkeuditzer Roßberg*. Zunächst gewinnt man hier oben, besonders bei klarem Wetter oder im Schein der Abendsonne ein wunderschönes, aber doch falsches Bild von Leipzig und seiner Umgebung: Südlich erstrecken sich endlose grüne Weiten, am Horizont grüßt die Großstadt mit ihren markanten Bauten. Dieser Blick täuscht, denn ein ganzes Häusermeer liegt dazwischen. Und blickt man sich um, sieht man im Norden Bitterfeld und Delitzsch, die vom Aufschluß der Kohlefelder geprägt sind. Und man sieht die Städte Leuna und Merseburg mit ihren zahllosen Schornsteinen, weiß um die Bagger unten im Tal bei Wallendorf und kann auch kaum die Flamme der chemischen Großanlage Böhlen inmitten des Leipzig-Bornaer Braunkohlereviers übersehen. Weit hinter dieser Tag und Nacht leuchtenden Fackel liegt eines jener Gebiete, das die naturhungrigen Leipziger als Tagesausflugsziel, als Insel der Entspannung fest in ihr Erholungsprogramm eingeplant haben, das *Kohrener Land*.

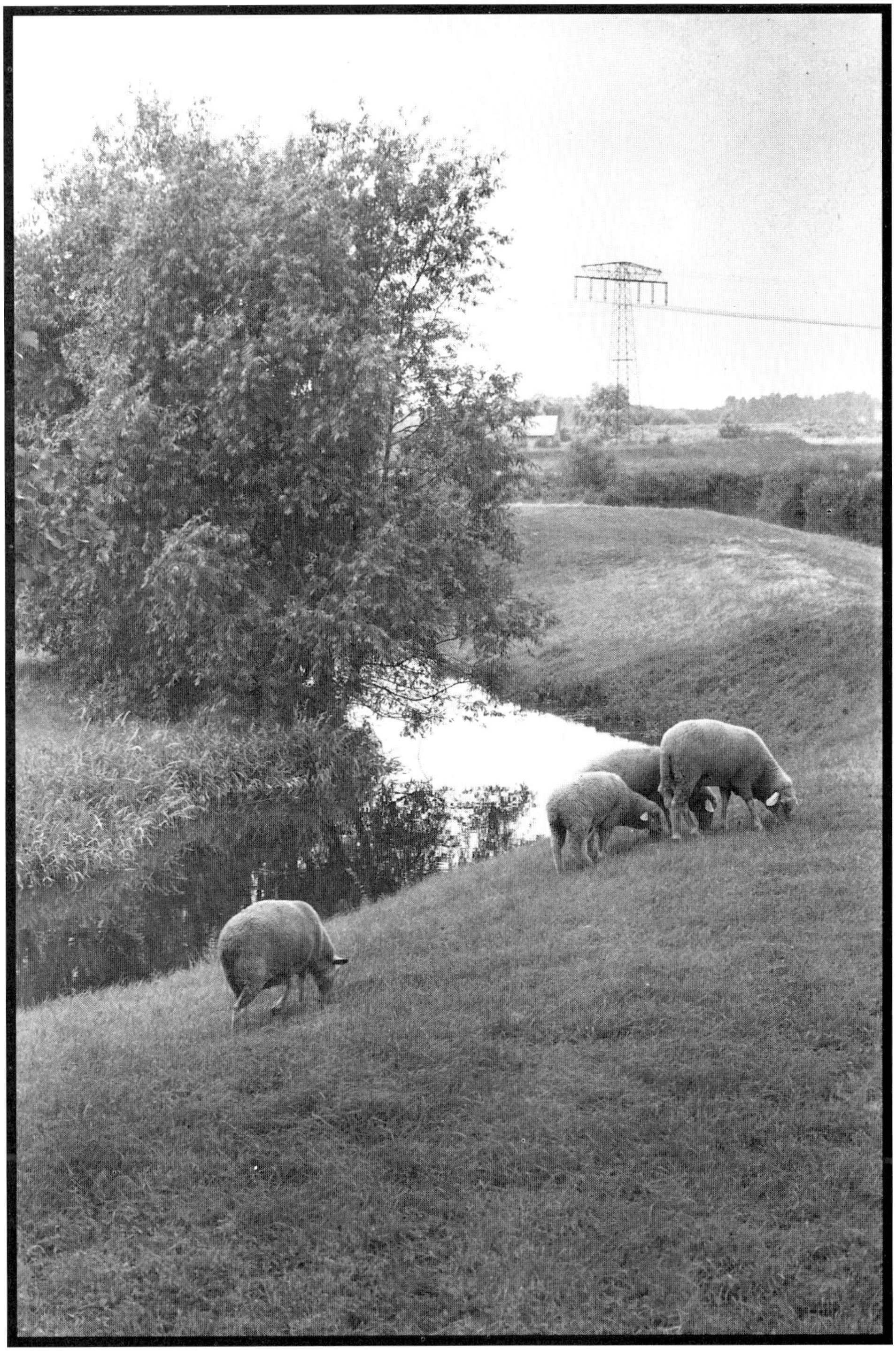

Pleißenaue vor Leipzig

Nahlewehr im nördlichen Auenwald bei Wahren

Frühjahrshochwasser

Das »Hundewasser« bei Lützschena

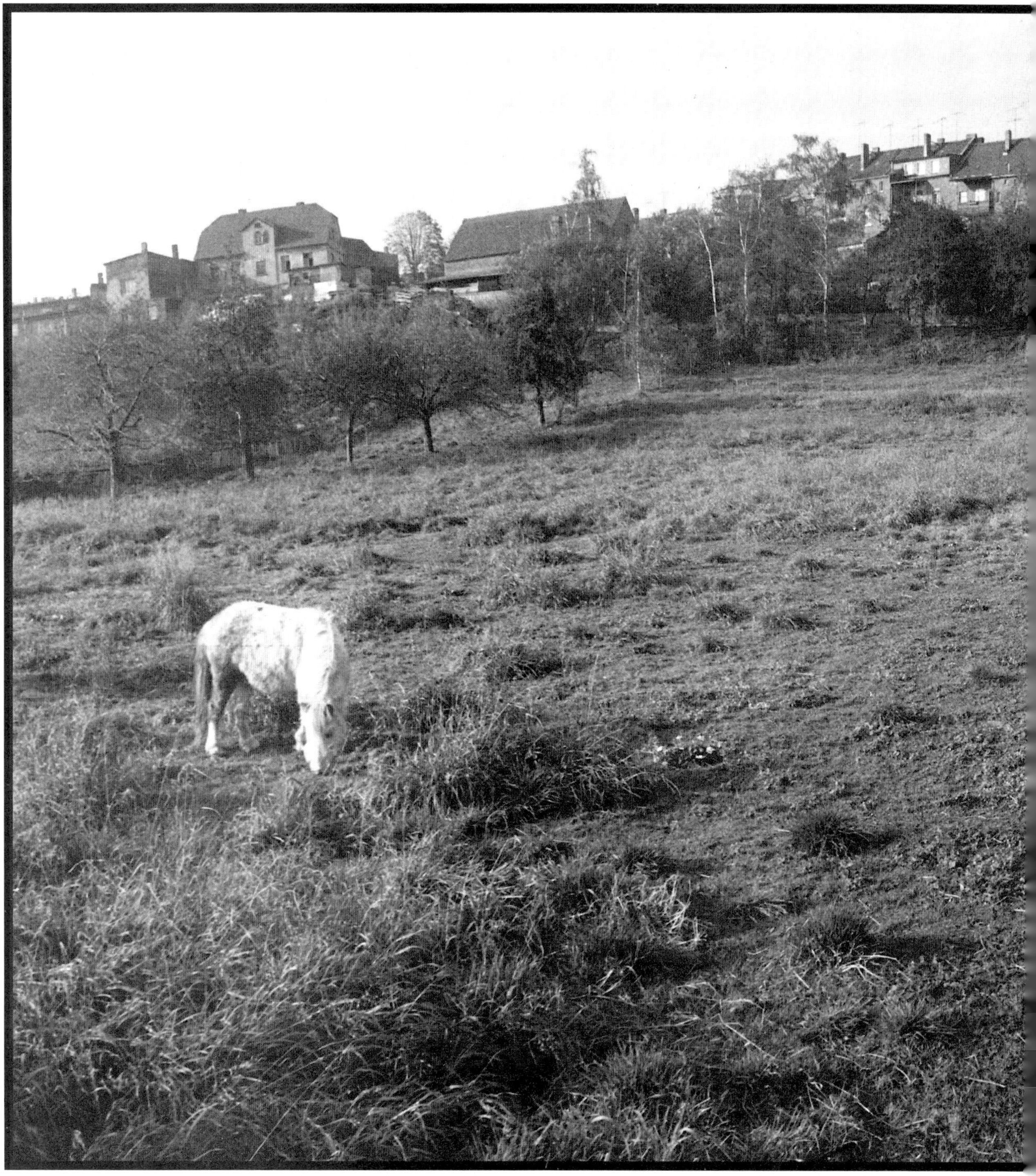

Am Elsterhang in Schkeuditz

Auenwald im Stadtbereich
Naturschutzgebiet »Burgaue«

Elster-Luppe-Flutbett —
Hochwasserschutz und Wasserspender

Auenwiesen bei Lützschena

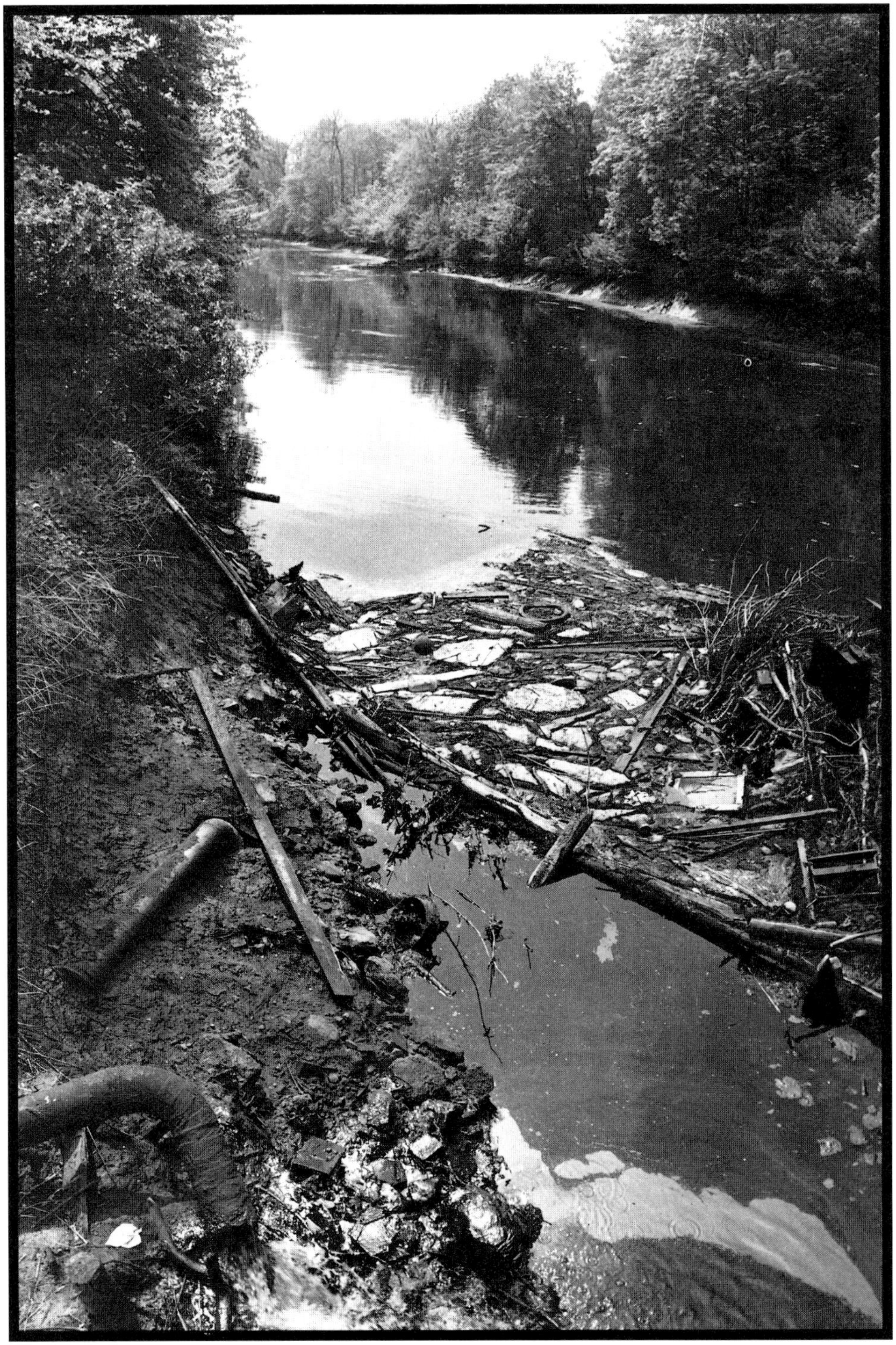

Rückstau am Wehr

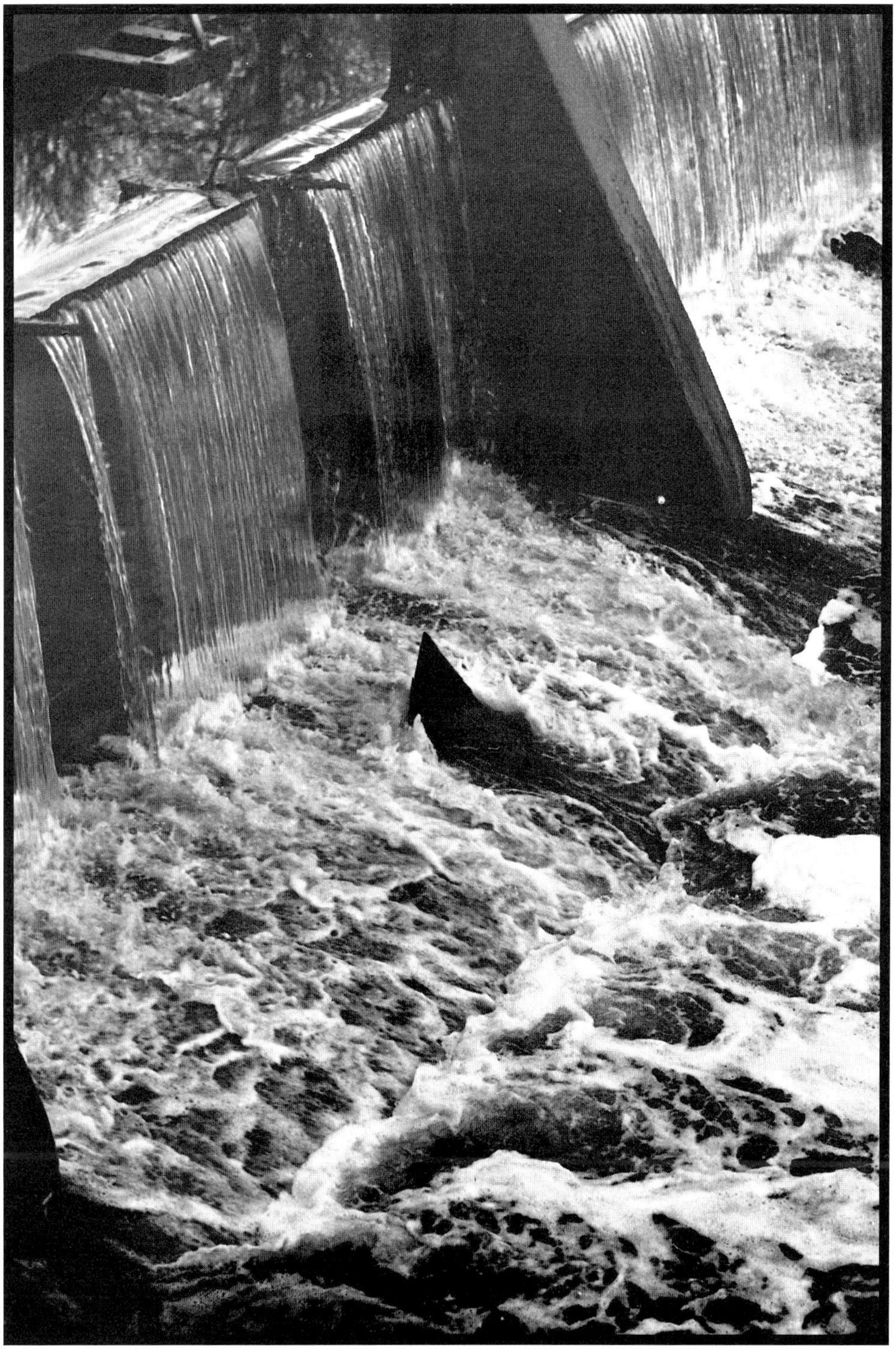

Altes Elsterwehr

Zum Fischfang abgelassener Elsterstausee bei Knauthain

Park und Schloß Knauthain in der südlichen Aue

Ehemaliger Palmengarten –
heute Teil des Zentralen Kulturparkes »Clara Zetkin«

Elstermühlgraben vor dem Leipziger Stadtzentrum

Neue Fernverkehrsstraße F 2 / F 95,
über den »Agra-Park« als Hochstraße führend

Dauercamping am Autobahnsee Kleinliebenau

Auenwiesen am ehemaligen
Restaurant »Bürgergarten« bei Schkeuditz

Blick vom Rosentalturm nach Leipzig-Schönefeld

Frühling im Auenwald – Bärlauchblüte

Die Insel

Das *Kohrener Land* empfängt den Besucher mit erstaunlichen Höhenunterschieden, Fichten- und Mischwäldern, wilden Wiesen und Märchenbächen: Sie heißen hier *Wyhra, Katze, Ratte, Maus* und *Oisseibach.* Eine Vielzahl zumeist künstlicher Seen hat außerdem den besonderen Landschaftscharakter entscheidend geprägt. Die geografischen Eckpunkte sind *Frohburg* im Norden, *Eschefeld* im Westen, *Altmörbitz* im Süden und *Ossa* im Osten. Tatsächlich scheint es so, als gäbe es hier Idyllik genug, um die Erholungsbedürfnisse der Großstädter fast vor der Haustür zu befriedigen. Doch die Fahrt hierher verlangt zuvor die Überwindung der Braunkohlenlandschaft. Die neue F 95 schlägt einen gewaltigen Straßenbogen, ausgehend vom Süden Leipzigs — Zwenkau, den Tagebauen Peres und Schleenhain —, über Borna bis nach Neukirchen. Den Fahrenden begleitet die Flamme von Olefin Böhlen lange Zeit als ein unübersehbares Wegzeichen: Der Bannkreis der Kohle ist so einfach nicht zu durchbrechen. Bis Neukirchen trägt die Landschaft überdeutlich den Stempel menschlichen Eingreifens; unberührte Natur kommt nicht vor. Wo noch keine Tagebaue existieren, werden sie in absehbarer Zeit aufgeschlossen; wo sie ausgekohlt sind, herrscht ein unentschiedenes Klima bis zum landschaftlichen Neubeginn.

Ab Frohburg wird die Landschaft fast übergangslos bewegt; man trifft auf kulturgeschichtliche Attraktionen. Acht Stunden, so verkündet die Frohburger Postmeilensäule, brauchte man einstmals von hier nach Leipzig. — Den augenfälligen Eingang zum Kohrener Land bildet der *Stöckigt,* das erste, kurz hinter Frohburg gelegene, geschlossene Waldgebiet. Zwischen ihm und dem nördlichsten Punkt der Leipziger Flußauen liegen fünfzig Kilometer Luftlinie. Das ist Entfernung genug, um Gedanken über die Verschiedenartigkeit dieser beiden Landschaften aufkommen zu lassen. Innerhalb der gewaltigen Veränderungen, die die zweiseitige Bewegung mit sich bringt — Ausdehnung der Großstadt einerseits und immer breiter werdender Kohlegürtel andererseits —, hat das Kohrener Land eine Sonderstellung bewahrt. Weil es sich abseits der großen Handelswege befand, relativ schwer zugänglich war und hauptsächlich landwirtschaftlich produzierte, konnte sich die Entwicklung kontinuierlich, ohne die schnellen Veränderungen, denen eine weltoffene Stadt unterworfen ist, vollziehen. Damit wuchs alles Neue in das bereits Vorhandene allmählich ein, und heute ist an diesem kleinen Territorium die tausendjährige Geschichte des gesamten mittelsächsischen Industrieballungsraumes ablesbar. Selbstverständlich hat auch die Kohlelandschaft Geschichte, hier fielen jedoch die historischen Zeugnisse immer wieder den ökonomisch bedingten Eingriffen zum Opfer; nirgends läßt sich im Kohlerevier das ganze Entwicklungsspektrum von den frühen Ansiedelungen bis zur Gegenwart verfolgen. Doch gerade dies scheint heute besonders wichtig. Nicht nur, weil in zunehmendem Maße das Heimatbewußtsein wächst, sondern vor allem deshalb, weil die Qualität heutiger Leistungen erst durch die Kenntnis der Vergangenheit richtig bewertbar wird. Nur unter diesem Aspekt ist es gerechtfertigt, vom Kohrener Land als von einer Insel zu sprechen. Während sich in den Leipziger Auen über mehrere Jahrhunderte hinweg die räumliche Ausdehnung der Stadtbesiedelung in die Naturlandschaft hinein bewegte und deren Gestalt so stark wandelte, daß sowohl eine durchgängige Kulturlandschaft entstand als auch eine immerwährende, tiefgreifende Veränderung der Kulturleistungen selbst stattfand, wird das Kohrener Land seit einem Jahrtausend besiedelt, und innerhalb eines stets gleichbleibenden Territoriums haben sich alle Veränderungen so vollzogen, daß die kulturell gewichtigen Zeugnisse erhalten geblieben sind. Diese tragen zwar die Merkmale der aufeinanderfolgenden kulturellen und gesellschaftlichen Epochen, das änderte jedoch nichts am Grundzug der Landschaft. Damit bietet sich dem Besucher ein außerordentlich vielgesichtiges Bild, das aber nie das Gefühl aufkommen läßt, eine angeblich heile Welt der Vergangenheit gefunden zu haben.

Eine wichtige Erkenntnis gewinnt man gleich nach dem Eintritt ins Kohrener Land auf der *Dolsenhainer Brücke*: Von dort blickt man auf *Gnandstein* mit den markanten Türmen des Ortes, dem Burg- und dem Kirchturm. Massiv und behäbig der eine, dünn, fast filigran der andere. Aus der Entfernung gesehen, rücken beide dicht nebeneinander, so wie es ihrer gesellschaftlichen Bedeutung in der Vergangenheit zukam. Das heißt, die wirtschaftlichen Verhältnisse, die Beziehungen von Beherrschten und Herrschern, Glaube und Rechtsnormen ließen ein der jeweiligen Zeit angemessenes bauliches Erscheinungsbild entstehen. Man sieht dieser Landschaft an, wie hier regiert wurde, welche Stellung die einzelnen gesellschaftlichen Gruppen, Bauern, Adel und

Ritterschaft sowie Handwerker, in der Geschichte einnahmen. Man sieht, wie die Unterdrücker lebten und wie die Unterdrückten, aber auch, wie sich ihr Leben, beispielsweise in Verteidigungsfragen, wechselseitig bedingte. Die monumentalen Mauern der Burg Gnandstein mit dazugehörigem Bauschmuck und die lebensgroßen Epitaphe in der Kirche des Ortes sind letztlich Widerspiegelung feudaler Herrschaftsideologie. Der Gegensatz zwischen der Prachtentfaltung der Herrschenden und den Lebensformen der Beherrschten wird augenscheinlich. Die Bauleistungen, die uns heute begeistern, sind dem Schweiß der Ärmsten abgerungen: Das Volk — Leibeigene und Tagelöhner — wurde gezwungen, seine Zwingburg selbst zu errichten. Dagegen stellen die Bauernhäuser und Großhöfe einen wichtigen zeitentsprechenden Gegenpol dar. Ihre ausgewogenen Bauformen dokumentieren die Weltsicht und die kulturbildende Kraft der bäuerlichen Klasse.

Eine weitere Feststellung provoziert der Blick auf Gnandstein: Mit kulturgeschichtlicher Entwicklung bewußt leben, heißt immer, eine Landschaft sowohl in ihrer Historie kennen, als auch sie neuen gesellschaftlichen Erfordernissen anzupassen. Das für uns heute so Faszinierende liegt ja gerade darin, daß es über Jahrhunderte gelang, Neugestaltetes harmonisch einzugliedern. Die historisch gewachsene Landschaft war weit funktiontüchtiger, als jede auf dem Reißbrett geplante sein konnte. Allerdings ist auch Reißbrettplanung mit im Spiel seit Beginn des industriellen Bauens und der Industrialisierung der Landwirtschaft. Zwar blieben dabei nach wie vor Siedlungen, Felder und Wälder bestehen, jedoch ihre äußere Erscheinung veränderte sich grundlegend: Einzelfelder wurden zu Großflächen, große Bauernhöfe wandelten sich zu Wohnhöfen mit Kleinstallungen, Scheunen verloren an Bedeutung, da Großsilos entstanden. Vorgarten- und Wiesenflächen wurden zu Parkanlagen für Anwohner und Touristen, und schließlich beanspruchten die eigenartigsten Produkte unserer Zeit, die Bungalows, mehr und mehr Raum. Fortgesetzt aber hat sich das dichte Nebeneinander, angefangen von den baulichen Zeugnissen der Feudalzeit bis hin zu den Bauwerken unserer Tage.

Konnten wir bereits am Beispiel der Leipziger Auen nicht nur sehen, wie ursprüngliche Natur und Dorfkultur einer Stadtlandschaft weichen mußten, sondern auch, wie die ländliche Kultur immer mehr in den Widerschein des Stadtlebens gerät, wird letzteres ebenfalls im Kohrener Land besonders deutlich: Der berechtigte Wunsch nach einem dem der Stadtbewohner entsprechenden Lebensstandard hat hier vielfach zur Übernahme äußerlicher, beispielsweise baulicher Formen des Stadtlebens geführt, die sich nicht in die gewachsene Struktur des Gebietes einfügen. Das wird mit dem erwähnten Blick von der Dolsenhainer Brücke auf die höchste Erhebung des Gebietes, die *Burg Gnandstein*, nicht sofort sinnfällig. Sie erscheint, eingebettet in die liebliche Landschaft, freundlich und einladend. Die spätgotische Kirche in unmittelbarer Nachbarschaft zur Burg ist die Grabstätte der Burgherren von Einsiedel, des mächtigsten Adelsgeschlechtes der Gegend. Für Heinrich von Einsiedel schrieb der Humanist Philipp Melanchthon die Grabinschrift. Die Burg selbst setzt zunächst in Erstaunen. Kommt man von Dolsenhain, liegt sie unten im Wyhratal. Burg — hieß das nicht immer: drohender Steinklotz auf einem schroffen, zum Fluß hin steil abfallenden Felsen? Die unvermeidlichen und jährlich wiederkehrenden Schulwandertage zur Rudelsburg oder nach Kriebstein haben festgefügte Vorstellungen hinterlassen. Von da her klingt noch immer Eichendorff im Ohr: »Gegrüßt, du weite Runde, / Burg auf der Felsenwand …!« Hier scheint alles ganz anders. Natürlich, es gibt den Felsen, auch den Steinklotz, aber der Burgberg überragt die umgebenden Anhöhen kaum, und der kurze, steile Weg hinauf ist schnell zu bewältigen. Gnandstein wirkt nicht wie eine Trutzburg. Die Geschichte freilich belehrt eines Besseren: Zu Zeiten Barbarossas schützte sie die Verbindung zwischen Altenburg, Colditz und Leisnig. Noch vorhandene Wehrkeller, Wälle und Schießscharten beweisen, daß man damals und auch späterhin auf bewaffnete Angriffe vorbereitet war. Barocke Umbauten dienten der Bequemlichkeit der Bewohner und weisen gleichzeitig auf die abnehmende Bedeutung als Wehranlage hin. Und so zeigt sich Gnandstein dem Besucher auf der Südseite als einladendes Schloß. In den Südhang hinein wurden auch die Terrassen der Burggärtnerei gebaut, die die Linie der Burg langsam ausschwingend in der Landschaft fortführen. Die Ostseite, erster Eindruck für jene, die von Kohren kommen, hat kargen und strengen Festungscharakter. Massiv sind hier aus schweren Feldsteinen die Mauern und Schutzwälle aufgeschichtet worden, abweisend ragen die Befestigungsanlagen auf.

Darüber erhebt sich, den wuchtigen Eindruck noch verstärkend, der Burgturm, auf dem Dohlen in unübersehbarer Zahl hausen. Vom Norden her, vom Fluß, war die Burg uneinnehmbar. Der dicht bewaldete Bergrücken und das Gemäuer bilden hier eine fast einheitliche Linie. Bemerkenswert ist, daß der Gebäudekomplex nach jeder Seite den jeweils unterschiedlichen Bedingungen der Landschaft angepaßt wurde. Burgen wie diese sind Sinnbild für einen Baugedanken, der in erster Linie die praktische Benutzbarkeit in den Vordergrund stellte. Hier liegt ein deutlicher Unterschied zu den antiken Tempeln und Villen sowie den Schlössern und Kirchen des Hochfeudalismus, bei denen man durch streng symmetrische Baugliederung vorrangig den ideologischen Anspruch umgesetzt hat. Waren schon die äußeren Wehranlagen der Burg kaum überwindbar, boten im Notfall die verschiedenen Höfe weiteren Schutz, und als letzte Zuflucht blieb dann immer noch der Turm, der nur über Leitersysteme erreichbar war. Oben im Bergfried konnte man sich bei längeren Belagerungen wohnlich einrichten. Dieses hohe Maß an Sicherheit und die Tatsache, daß die Burg Gnandstein nicht wie die berühmten Gipfelburgen, die Wartburg oder die Leuchtenburg, weit außerhalb der frühen Ansiedelungen lag, führte zu der spezifischen Bauweise des Ortes: Ausgehend vom Turm als höchstem Punkt wurden talabwärts Brauhaus, Scheunen, Handwerkerhäuser, Gärtnerei, Gutshof und Stauweiher an den Berg angefügt. Damit drehte sich das Leben in den kleinen Häusern zwangsläufig um die Wünsche der Herren oben auf der Burg. Der Weg dorthin war nicht weit, und alle Befehle erreichten schnell die Adressaten unten im Ort. Man sollte Gnandstein auch unter diesem Blickwinkel sehen, denn beispielsweise Ludwig Richters Zeichnung, die man als Druck für eine Mark an der Kasse erwerben kann, beschönigt ganz im Sinne unserer eigenen, oft falschen Vorstellungen vom damaligen Leben. Und meist sind es ja nicht die sozialen Zusammenhänge, die den Besucher der Gegend begeistern und die Burg zu einer Art Markenzeichen für Sommerfrische werden lassen, sondern die denkmalhaft vor uns stehenden Bauleistungen an sich. — Wer wollte schon auf den Besuch des in dieser Form in Sachsen einmaligen spätromanischen Palas verzichten. Der später gotisch aufgestockte Raum mit seinen von Kelchkapitellen verzierten Säulen und den Resten eines romanischen Kamins begeistert nicht nur Wanderer, die dem Dehio folgen, auch wenn spätbarocke Speisezimmermöbel und gepflegtes Empire nicht so recht zum Gesamteindruck passen wollen. Die Schloßkapelle, die über den nördlichen Wehranlagen errichtet wurde, ist für einen sakralen Raum mit langer protestantischer Tradition überraschend prunkvoll ausgestattet. Darüber soll sich schon Kaiser Karl V. gewundert haben. Man tritt nicht etwa — wie gewöhnlich — in ein Kirchenschiff, dessen Fenster das Licht vielfach brechen, sondern stößt zunächst auf die Rückwand eines der drei aufgestellten Altäre. Trotz eines Warnsignals bleibt bei der Enge des höhlenartigen Ganges die Kollisionsgefahr groß. Die Gefahrenquelle, so zeigt sich später, geht von einem Marienaltar der Peter-Breuer-Werkstatt aus. Maria, Margarethe mit dem Kelch und die schwerttragende Katharina haben nichts von den leidvollen Zügen, wie sie Breuers Lehrer, Tilman Riemenschneider, seinen Figuren gab; diese hier verkörpern erstarrte Symbolik. Daneben der Annen-Altar, nicht ohne Grund Huldigung für die Schutzheilige des Silberbergbaus: Die Burgherren hatten fette Pfründe in den sächsischen Gruben und verdankten ihnen einen guten Teil ihres Reichtums. Am längsten bleibt wohl die überlebensgroße Christusfigur im Gedächtnis haften, die im Schatten eines Stützpfeilers hängt. Ganz auf Leid konzentriert, hebt sie die religiöse Funktion des Raumes auf und gibt ihm eine menschliche Dimension. In der ganzen Kapelle beeindruckt die sorgfältige Restaurierung. Allein das alte Kirchengestühl, das im ursprünglichen Zustand belassen wurde, läßt etwas von der tatsächlich vergangenen Zeit ahnen. Schließlich muß ein Blick dem Keramikfußboden einheimischer Produktion gelten. Er ist das älteste Zeugnis Kohrener Töpferkunst und stellt die unmittelbare Verbindung zu jenen her, denen die Herren ihren Reichtum zu danken hatten.

Und eine andere Verbindung wird auf diese Weise deutlich. Stellt sich mit Gnandstein vornehmlich die Beziehung zwischen grundbesitzender Feudalmacht und der dazugehörigen Landwirtschaft dar, verkörpert *Kohren* die nahezu zeitgleiche Entwicklung von der dörflichen zur kleinstädtischen Kultur.

Von der Gnandsteiner Burg führt ein Kammweg mit sanfter Biegung entlang der Wyhra. Am Ende dieses Weges öffnet sich ein Tal, darin liegt Kohren, geografisch der Situation von Gnandstein ähnlich. Das Wahrzeichen des Ortes ist wiederum eine Burganlage am Zusammenfluß von Ratte und Maus. Der Blick der Burgherren von Chorun ging ostwärts ins Land der Slawen. Denn trotz ständiger Zwistigkeiten mit der Reichsgewalt war man sich in einem Punkt einig: Die Gebiete östlich von Elbe und Saale lohnten die Einverleibung um jeden Preis. Kaiser Otto II. wußte die Hilfsdienste seiner Feudalherren bei der Unterjochung der slawischen Stämme zu schätzen. Das eben eroberte Land um Chorun, das heutige Kohren, vermachte er im Jahre 974 dem Merseburger Bischof Giseler, einem eifrigen Förderer der Eroberungspolitik. Die *Burg Kohren* verfiel nach manchem Besitzerwechsel. Anderswo wurden nutzlos gewordene Burgen geschliffen, dem Erdboden gleichgemacht. Denn löste eine Herrschaft eine andere ab, so vernichtete man meist auch — konnten sie nicht umfunktioniert werden — die baulichen Zeugnisse der Vorgänger. Die Kohrener Burg verfiel ohne fremdes Zutun, überflüssig geworden in den Läufen der Zeit. Ludwig Richter hat um 1840 die Ruine gezeichnet. Im Vordergrund des Blattes holpert ein Ochsenkarren vorbei an einem alten Fachwerkhaus mit traulich rauchendem Schornstein. Was bei Richter so ganz ländlich und aus jeder konkreten Zeit entrückt erscheint, entsprach jedoch keineswegs der Realität. Schon 1453 waren an 26 Häuser Kohrens städtische Rechte verliehen worden, und damit konnte sich langsam das kleinstädtische Gemeinwesen entfalten. Der charakteristische Zusammenschluß von Bäcker, Schmied, anderen lebensnotwendigen Gewerken und — speziell in Kohren — von Töpfern und Färbern schuf eine Kultur, die sich von derjenigen, die eng mit der Landwirtschaft verbunden war, unterschied. Auf der Basis Generationen währender Erfahrungen, die meist mündlich, während des Arbeitsvorgangs überliefert wurden, verfestigte sich eine bestimmte Art, Töpfe zu machen, eine bestimmte Form, Häuser zu bauen. Diese einmal als sicher angesehenen und vor allem bewährten Methoden, Dinge herzustellen, wurden ohne wesentliche Veränderungen aufgenommen und über Generationen fortgeführt. Die *Töpferwaren von Kohren* sind ein Beispiel für die häufig wiederkehrende Erscheinung, daß sich jahrhundertealte Formen erst unter dem Einfluß der Industrialisierung am Ende des 19. Jahrhunderts wandelten. Anders als in den rein landwirtschaftlich orientierten Gegenden, wo die Bauern die meisten der anfallenden Handwerkerleistungen selbst bewältigen mußten, entwickelte sich in der Kleinstadt aufgrund der Tradition der Gewerke ein ausgeprägtes Selbstbewußtsein der Zünfte, das sich auch in der Teilnahme an den Verwaltungsgeschäften der Gemeinde äußerte.

»Seit 1500 vierzig und acht werden hier Töpfe und Schüsseln gemacht«, lautet die Hausinschrift an einer Kohrener Töpferei. Einhundert Jahre später schloß sich mit Billigung des Kurfürsten Johann Georg I. eine Töpferinnung zusammen, in deren Statuten zu lesen ist: »So ein Meister verdingte Arbeit hat, als sei an Öfen oder anderen, soll ihm sein Handwerk keiner vernichten oder verkleinern.« Die sechs Zunftmeister dieser Zeit achteten streng darauf, daß die auswärtige Konkurrenz von Rochlitz oder anderswo ihre Erzeugnisse keinesfalls in Kohren vertrieb. Das war, wie die zahlreichen, durch Gerichtsakten belegten Auseinandersetzungen um Wege- und Marktrechte verdeutlichen, nicht nur eine aus Zunftstolz geborene Äußerung, sondern letztlich existenzbestimmend. Um den Zulauf an Meistern abzuwehren, sahen die Statuten große Meisteressen vor, die jeder Geselle, der Meister werden wollte, ausrichten mußte. Schon ihre Kosten versperrten vielen, die keinen reichen Meister zum Vater hatten, den Aufstieg. Indessen verbreitete sich der gute Ruf der Kohrener Keramik schnell, und in August Schumanns »Vollständigem Staats-, Post- und Zeitungslexikon von Sachsen« aus dem Jahre 1818 heißt es rühmend: »Die Kohrener Töpfer versenden ihr Geschirr, das in bestem Rufe steht, auf allen Märkten der Gegend.« Diese Traditionslinie brach, wie bereits angedeutet, mit der zunehmenden industriellen Produktion von Keramik ab. 1920 löste sich die Töpferinnung aus Ermangelung von Mitgliedern auf. Die einzige Möglichkeit, die handwerkliche Überlieferung fortzusetzen, bot sich mit der Herstellung vornehmlich kunstgewerblicher Erzeugnisse. Obschon damit einerseits, besonders unter dem Einfluß des Jugendstils, eine Bereicherung der Formensprache einherging, verflachte doch andererseits die Spezifik, das heißt, die genau auf ihren Zweck hinzielende Produktion. Der wichtigste Vertreter der unter diesen gewandelten Umständen arbeitenden Töpfer war Kurt Feuerriegel. Sein Schaffen verband das traditionelle Handwerk mit den stilistischen Einflüssen des 20. Jahrhunderts. Von ihm stammt auch das Kohrener Wahrzeichen, der *Töpferbrunnen* auf dem

Marktplatz: Auf einem achteckigen Sockel aus braun und grün glasierten Kacheln ruht ein Dach, dann folgen sieben Hochreliefs mit Darstellungen wichtiger Arbeitsgänge der Töpferei — Tongraben, Modellieren, Glasieren und so fort. Wieder folgt ein kleines Dach und schließlich, als Blickfang, eine dralle Topffrau samt Krügen, einer Pfanne und einer Form. Sie symbolisiert den Handel mit den einheimischen Erzeugnissen. Die Brunneninschrift verfaßte der obskure Balladendichter Börries von Münchhausen, von dem noch zu sprechen sein wird: »Städtlein zwischen Hügeln / Deine Töpf' und Krügeln / Alles überflügeln, / Was die anderen erklügeln.« Im Jahr kommen heute etwa 100 000 Besucher. Nicht nur der außergewöhnlich schönen Natur wegen, so möchte man hoffen. Denn wie die landschaftlichen Reize mit den eingestreuten Kirchtürmen, Bauernhäusern, Wäldern und Wiesen leicht überschaubar sind, ist es ebenso die Abfolge kulturgeschichtlicher Ereignisse auf engem Raum. Natürlich zeugen auch hier vor allem Bauwerke davon: die romanische Burg, die gotische Kirche, das klassizistische Pfarrgut. Zu den hiesigen Besonderheiten gehört auch, wie schon angedeutet, die Traditionspflege. War zu Zeiten der handwerklichen Produktionsformen die Tradition ein fester Bestandteil überlieferter Erfahrungen, hat sie sich mit der fortschreitenden Industrialisierung von der direkten Produktion losgelöst und stellt jetzt einen besonderen Komplex innerhalb des kulturellen Lebens dar. Es leuchtet ein, daß man sich dabei für dieses Gebiet auf Wesentliches beschränken muß. Daher wird Gewerken wie Strumpfwirker, Siebmacher und Wagner, die in Kohren auch einmal heimisch waren, weniger Aufmerksamkeit geschenkt. Die konzentrierten Bemühungen gelten hier natürlicherweise dem Töpferhandwerk. Die wichtigsten Informationen darüber vermittelt das 1961 gegründete *Töpfermuseum*. Hier, in der alten Wohnstube und in der nahezu original eingerichteten Werkstatt, treten die Lebensgewohnheiten und -bedingungen plastisch vor Augen. Vor allem erweist sich sehr schnell, besonders für uns, die wir gerne mit nostalgisch verklärtem Blick die wundervollen Ausstellungsstücke betrachten, daß im Ort nicht nur Wohlstand geherrscht hat. Langwierige Arbeitsgänge, so das »Sicheln« und »Sumpfen«, gehören ebenso zum Töpferhandwerk wie die geschickten Hände eines Könners, unter denen sich der Ton in eine beliebige Form zieht. Manchmal scheint es, als würde sich für jene, denen das

86

Töpfern heute als Traumberuf vorschwebt, das Berufsbild nur auf letzteres beschränken. Daß aber gerade die Kenntnis der Geschichte dieses Handwerks dazugehört, wird in Kohren anschaulich vermittelt.

Ganz in der Nähe des Töpfermuseums liegt der Kohrener Bahnhof. Die Eröffnung einer Eisenbahnlinie im 19.Jahrhundert sollte den umfangreicheren und vor allem beschleunigten Warenaustausch mit den nahe liegenden Städten Frohburg und Leipzig erleichtern. Das Kohrener Land war, obwohl stark von seinem speziellen Handwerk geprägt, ein traditionell landwirtschaftliches Gebiet vornehmlich wegen seiner außerordentlich ertragreichen Böden. Indem man nun Agrargüter effektiver im Handel anbieten konnte, überwand man die provinzielle Enge. Heute ist schwer vorstellbar, daß eine Entfernung von 50 Kilometern lange Zeit für viele Bewohner eine nur schwer überwindbare Barriere darstellte. Die Bahn, zunächst noch bestauntes technisches Wunder, entwickelte sich rasch zum Mittel des Kulturaustausches zwischen Stadt und Land. Jetzt aber erinnern allein Dämme und Brücken zwischen Kohren und Frohburg an die einstige Existenz dieser kulturgeschichtlich bedeutsamen Verbindungslinie. Nach 1950 eroberte sich der Transport auf der Straße zunehmend Platz; schließlich wurde der Bahnhof stillgelegt, und man demontierte die Gleise. Aus heutiger Sicht mag das voreilig gewesen sein, erfolgte doch gerade in den letzten Jahren eine Rückbesinnung auf den wirtschaftlich durchaus beachtenswerten Schienentransport. In Kohren haben Busse und Lastkraftwagen die Aufgabe der Züge übernommen; der Busbahnhof entstand gleich in Nachbarschaft der alten Bahnstation. Diese vielleicht zufällige Nachbarschaft verweist noch einmal auf die Bedeutung der Verbindung nach außen: Im Kohrener Land haben die über Jahrhunderte gewachsenen Besitzverhältnisse, kaum verändert, ihre bauliche Ausprägung gefunden. Erst mit dem Beginn der Industriellen Revolution, zu deren wichtigsten Errungenschaften die Eisenbahn gehörte, begannen sich unter dem Einfluß von außen die ländlichen Strukturen schneller zu wandeln. Und mit diesem Zeitpunkt beginnen auch die ersten Versuche, städtisches Leben zu kopieren. — Freilich, noch lange blieb das feudale Eigentum unangetastet. Aber seit der offiziellen Aufhebung der Leibeigenschaft in Preußen 1807 waren auch hier die Grundbesitzer immer konsequenter bereit, kapitalistische Verhältnisse auf dem Lande durchzusetzen. Dabei beschäftigte sie natürlich nicht das Los der Bauern und Tagelöhner. Diese hatten sich seit dem Bauernkrieg immer wieder gegen ihre Unterdrückung aufgelehnt. War in Deutschland die frühbürgerliche Revolution insgesamt nicht erfolgreich, so blieb doch der Widerstand erhalten. Im 18. Jahrhundert kam es erneut zu Auseinandersetzungen um die Last der zahllosen Frondienste. Was vorher undenkbar war, zog sich nun durch ein ganzes Jahrhundert: Bauern prozessierten allein oder in Gruppen gegen die Herrschaft oder verweigerten rundheraus die Dienste. In einer Bauern-Klageschrift aus Sahlis von 1792 heißt es, daß der »ungemessene Frondienst jetzt so häufig vorfällt, daß, obschon 228 Handfröner sind, solcher dennoch oft einen Untertanen wöchentlich zwei- bis dreimal getroffen hat«. Während der sächsischen Volkserhebung von 1790 haben Bauern das Sahliser Schloß besetzt, um ihren Forderungen, Anstellung und Entlohnung des Gesindes, Abschaffung der Frondienste, Niederschlagung der Prozesse gegen die Verweigerer von Fronen, Nachdruck zu verleihen. Dennoch blieb die ökonomische Macht fest in den Händen der Grundbesitzer. Ihr Reichtum und ihr wachsendes Interesse an den Vorteilen, die der junge Kapitalismus zu bringen versprach, gründete sich vor allem auf die harte Ausplünderung der Besitzlosen — es verhielt sich also hier, inmitten der schönen Landschaft, nicht anders als im übrigen Deutschland. In dieser Hinsicht ist eine Sahliser Gerichtsordnung von 1717 aufschlußreich: »Hauptsächlich sollen meine Untertanen der Arbeit unermüdlich sich befleißigen, besonders diejenigen, Frohnen und Dienste und andere Leistungen, so sie laut dem Erbregister von 1683 mir und dem Rittergut Sahlis schuldig seien, jedesmal und zu den von ihnen geforderten Zeiten zu leisten.« Etwas weiter folgt eine Bemerkung zur Arbeitszeit: »Sämtliche Untertanen aus Kohren und den Dörfern müssen Frühlings- und Herbstzeit mit der Sonne, zur Sommerszeit eine Stunde nach Sonnenaufgang an der Arbeit sein. Der Feierabend wird allzeit mit dem Sonnenuntergang gemacht.« In Sachsen — und damit auch in Kohren — wurden die Frondienste erst 1836 abgeschafft. Dies war ein Ergebnis der revolutionären Bewegung von 1830/31. Nach der Volkserhebung, die am 2. September in Leipzig und am 9. September 1830 in Dresden begann, mußten die sächsischen Herrscher einer Verfassung, auf Grund derer eine Agrarreform mit Beseitigung der Fronen durchgeführt wurde, zustimmen. Man sollte sich jedoch auch die parallelen Zeitereignisse vergegenwärtigen: Der erste Morseapparat funktionierte bereits, und eben war die Karusselldrehbank erfunden worden; der Schneidergeselle Wilhelm Weitling verfaßte für den »Bund der Gerechten« seine utopisch-kommunistischen Ideen.

Alle weiteren Erleichterungen für die armen Schichten, die nach den Befreiungskriegen und nach 1848 mühsam erkämpft wurden, stellten sich letzlich als vorteilhaft auch für die Grundbesitzer heraus. Zunächst mußten die Fronen abgelöst werden. Dazu wurde eine Landrentenbank eingeführt. Sie streckte den Gutsgläubigern die Ablösesumme vor, die dann in Raten von den Bauern zurückzuzahlen war. Oft entstand dadurch eine so große finanzielle Belastung, daß nur formal von freien Bauern gesprochen werden kann. In Wirklichkeit mußten sie sich in eine neue Abhängigkeit begeben. Dem bestehenden, unangetasteten Großgrundbesitz aber erwuchsen finanzielle Zuflüsse aus den Ablösungen. *Friedrich Engels* hat berechnet, daß die Junker in Preußen durch die Ablösung den Wert von mindestens 300 Millionen Talern in Form von Land, Vieh oder Bargeld erhielten. Eine wichtige Rolle spielten ebenfalls neue wissenschaftliche und technische Erkenntnisse, denkt man nur an die künstliche Düngung, die Justus von Liebig 1840 anregte. Kam zu diesen Voraussetzungen noch fähiges Unternehmertum, waren die Weichen der Entwicklung endgültig gestellt. Gerade dieser bourgeoise unternehmerische Geist zeichnete *Dr. Heinrich Wilhelm Leberecht Crusius* (1790–1858) aus. Mehr als eine geistige oder altersmäßige Verwandtschaft, nämlich die wirtschaftliche Gleichartigkeit, verbindet ihn mit Speck von Sternburg. Phantasie, Aktivität und vor allem die Fähigkeit zur exakten, planenden Kalkulation hoben ihn von der Kaste der Krautjunker ab. Er beschränkte sich nicht mehr nur auf die Verarbeitung von Produkten seiner Felder und Stallungen schlechthin, sondern versuchte mit allen Mitteln (dazu gehörte auch Kinderarbeit), die Effektivität der Produktion zu steigern. Crusius führte den Wechselfruchtanbau ein, machte den Rapsanbau heimisch und begann mit einer gesteuerten Viehzucht. Daneben arbeitete er wissenschaftlich: Jahrzehntelang stand die Leipziger Ökonomische Sozietät unter seiner Leitung; er war Begründer der ersten landwirtschaftlichen Versuchsstation. Nicht genug damit. Durch den Bau von Eisenbahnlinien, Ziegelfabriken, Krankenhäusern und die Beteiligung an Versicherungsgesellschaften versuchte Crusius ständig, seinen Reichtum und Einfluß zu erweitern. Wiederum gleichen sich Sternburg und Crusius im Resultat ihrer Bemühungen: Es gelang ihnen — und all jenen, die die Zeichen des jungen Kapitalismus erkannt hatten —, das traditionelle Handelskapital, wie es seit dem Feudalismus bestand, an Gewinn und damit an gesellschaftlicher Bedeutung bei weitem zu überflügeln.

In der gleichen Person — auch hier die Verwandtschaft zu Sternburg — tritt uns aber auch der Kunstmäzen, der Ludwig Richter und Moritz von Schwind nach Kohren einlud, entgegen. Und es ist derselbe, der als einer der ersten aus der breiten antifeudalen Volksbewegung entsprechende Schlüsse zog. 1834 verzichtete er auf die ihm zustehende Gerichtsbarkeit innerhalb seiner Besitztümer, 21 Jahre bevor in den übrigen deutschen Ländern staatliches Recht einzog. Crusius war es damit natürlich nicht primär um Wohltätigkeit zu tun. Er setzte seine Mittel, Intelligenz, Weltoffenheit und Geld, sehr bewußt für die Etablierung seiner Klasse ein. Schließlich die letzte Parallele zu Sternburg: Wie dieser war Crusius bestrebt, seine gesellschaftliche Stellung in der Zeit durch Bauten zu manifestieren.

Bei heutiger Betrachtung der Bauensembles von Kohren-Sahlis imponiert, von einigen Ausnahmen abgesehen, weniger ihre architektonische Qualität als vielmehr die Zuordnung der Einzelbauten nach wirtschaftlichen Gesichtspunkten. Gebäude, Gebäudekomplexe, ja ganze Landschaftsteile stehen untereinander in funktionalen Beziehungen und spiegeln sowohl wider, wie Landwirtschaft damals betrieben wurde, als auch, in welcher gesellschaftlichen Stellung sich die einzelnen Bevölkerungsgruppen befanden. Man kann wirklich davon sprechen, daß *Sahlis* ein in sich geschlossenes kleines Imperium war: Auf der Nordseite wird die Anlage von Stallungen, Lagergebäuden und dem Wirtschaftshof begrenzt. Kommt man von Südosten, aus Richtung Terpitz, bemerkt man, daß das Gut auf einer ausgedehnten Erhebung errichtet worden ist. Die Gutseinfahrt, unterhalb des Plateaus gelegen, nimmt sich mit ihrem Torhaus und der Torwächterwohnung wie eine Vorburg aus. Von hier aus konnte die Anzahl der eingebrachten Fuhren bequem überwacht werden. Kommt man jedoch von Kohren her, stellt sich die Anlage ganz anders dar. Sehr langsam steigt der Weg nach oben zum Schloß; die Herrschaftsauffahrt führt durch eine Allee, — man legte Wert auf Großartigkeit, und gleichzeitig sollte das Gesinde, das mit einem Anliegen kam, gedemütigt werden. Der eigentliche Schloßkomplex, zweiseitig abgeschirmt durch Wirtschaftsgebäude, bildete den privatesten Bereich der Herrschaft. Die Schauseite des Schlosses, das in heutiger Gestalt 1756 entstand, weist nach Süden. Dahin gehen auch die großen Fenster des Festsaales hinaus. Im Osten, oberhalb des Weges zur Gutseinfahrt, schirmte eine Kegelbahn ab — sie entstand als Geburtstagsgeschenk für den Sohn des Hauses —, und im Süden lag ein französischer Park. Lassen wir darüber Hugo Koch, den wohl besten Kenner sächsischer Gartenkunst, sprechen: »Der Garten zu Sahlis … ist … ein treffliches Beispiel … für die Ausbildung der Hecken-Architektur wie auch der Wasserkünste usw. in der Zeit nach 1750. Trotz des Bizarren, des Gezwungenen im Pflanzenwuchs, wobei die Schere ausgiebig tätig war, bietet der Garten auch heute noch ein selten reizvolles Bild … In der Hauptsache führen geschwungene Freitreppen zu dem höher liegenden Garten, den Heckenwände begrenzen. Im Zentrum liegt ein Wasserbecken von stark verschnörkelter Form, zur Seite haben in Heckennischen zwei allegorische Statuen Aufstellung gefunden. Die im Mittel im Halbkreis geführten Heckenwände begrenzen das Gesichtsfeld und lenken den Blick nach dem nur um wenige Stufen vertieften anschließenden Parterre, das ringsum eine Rasenböschung einfaßt. Die außen herumführenden Wege werden von Hecken begleitet und so zu einem schattigen Wandelgang gemacht. In den Achsen überraschen die Ausblicke … Die vier Eckpunkte zieren Putten auf Postamenten, die vier Jahreszeiten darstellend. Die umschließende Heckenwand, als architektonische Bogenwand gestaltet, ist noch heute erhalten. Diese Rundbogenöffnungen gewähren einerseits Durchblicke nach Außen und andererseits Einblicke in das Parterre mit der Wasserkunst. Eine Vase mit einem Strauß von Blechrosen ziert das Blumenbeet … Heckenbegrenzte Baumplätze schließen sich diesen Teilen an. Den Endpunkt des Gartens bildet ein Teich …« Dieser Text erschien 1910. Im Dehio von 1966 hört sich das lakonischer an: »Gutshaus (Sahlis) 18. Jh., umgeb. Reizvoller Rok. Garten, Kinderfigg. der Jahreszeiten; Gartenpavillon mit Deckenmalereien E. 17.Jh.« Von der beschriebenen Pracht war nach Jahrzehnten des Verfalls wenig übriggeblieben. Die

Dorfjugend hatte sich inzwischen die gezirkelten Wege auf ihre Weise angeeignet: als Rallye-Strecke für ihre Motorräder. Doch auch hier setzte ein Umdenken ein. 1983 stellte der Rat des Bezirkes Leipzig fünfzehntausend Mark für die Rekonstruktion zur Verfügung — damit wurde der Grundstein zur Neugestaltung gelegt. Inzwischen sind die allegorischen Figuren wiederhergestellt worden, und auch die Grundformen der früheren Parkgestaltung sind wieder sichtbar.

Das Sahliser Schloß mit seinem Park, von den Vorfahren des erwähnten Heinrich Crusius angelegt, kopiert in gestalterischer Hinsicht deutlich die großen feudalen Adelssitze des Absolutismus wie etwa Sanssouci. Dies muß als Reflexion des Zeitgeschmacks ebenso verstanden werden wie als Bekenntnis zur feudalen Macht. Gleichermaßen bekenntnishaft wirkt die Anlage des eigenen Herrenhauses (vollendet 1823) von Heinrich Crusius auf dem benachbarten *Rittergut Rüdigsdorf.* Die klassizistische Fassade des Gebäudes verrät einiges vom Lebensgefühl seiner Bewohner. Bei der Anlage des englischen Parks bezog man ganz ähnlich wie in Lützschena die vorgefundene Natur ein: das Flußtal der Maus und den reichen Buchenbestand. Im Inneren des Herrenhauses befindet sich eine berühmte französische Bildtapete aus dem Jahre 1824. Sie trägt den Titel »Olympische Feste«. Auf den dreißig Bahnen der kostbaren, nur in braunen Farbabstufungen gehaltenen Sepia-Handdrucke sind Szenen aus der antiken Sagen- und Mythenwelt abgebildet: eine Ehrung des Homer, der Kult der Minerva, eine Huldigung für Bacchus, der Kult der Vesta und so fort. Ganz oberflächlich könnte man diese Bildinhalte im Sinne einer Illustration zum Werk von Gustav Schwab betrachten. Doch klassische Ideale waren im Frankreich jener Zeit ebensowenig gefragt wie im Deutschland der Familie Crusius. Daher sollte man die vorgeführte Motivwelt viel zeitbezogener betrachten und das Selbstbewußtsein der Bourgeoisie von damals nicht unterschätzen. War es nicht die kämpferische, streitbare Minerva, die die Menschen lehrte, aus Oliven Öl zu pressen, und war es nicht Vesta, die für unerschöpflichen Reichtum in der Natur sorgte, die Menschen lehrte, Häuser zu bauen, darin das Herdfeuer zu nutzen? In der Tat, Crusius hatte durchaus praktische Götter zu seinen Kronzeugen aufgerufen. Er wünschte sie sich nicht als Helden ferner arkadischer Gefilde, sondern als Glücksbringer für die eigenen Unternehmungen.

Zum Komplex des Rüdigsdorfer Gutes gehört natürlich auch eine Orangerie, die durch Moritz von Schwinds Ausmalung berühmt wurde. Die ausgewogene klassizistische Architektur des Gebäudes und die Qualität, mit der es in unserer Zeit restauriert wurde, können jeden Betrachter erfreuen. Der Baukörper besteht aus zwei Pavillons, die durch einen holzverkleideten Mitteltrakt miteinander verbunden sind. Im rechten Pavillon hat *Schwind* 1838 das einzige überlieferte Märchen der Antike, »Amor und Psyche« des Apuleius, in neun Fresken gestaltet. Zur Wahl dieses Stoffes ist Schwind sicher durch seinen Italienaufenthalt und den Eindruck der Wandmalereien in der Villa Farnesina in Rom angeregt worden. Da er einer der letzten deutschen Romantiker war, die sich im Süden aufhielten, tritt der italienische Einfluß kaum hervor. Eher wirken die Gestalten, als hätten Bäuerinnen aus dem Kohrener Land Modell gestanden. Das antike Märchen wandelt sich so zu einer märchenhaften Liebesgeschichte, die um die Mitte des vorigen Jahrhunderts spielen könnte: Psyche wird wegen ihrer Schönheit von der neidischen Venus verdammt, einen widerwärtigen Menschen zu lieben. Amor, der seinen Pfeil entsprechend lenken soll, um das göttliche Urteil zu vollstrecken, verliebt sich selbst in die Erdenschönheit. Er läßt sie durch Zephir in sein Lustschloß entführen — auf einer bewaldeten Anhöhe zwischen Sahlis und Rüdigsdorf liegt versteckt das barocke Lusthaus der Familie Crusius — und erscheint ihr dort allnächtlich als Liebhaber. Doch er verbietet ihr, jemals eine Frage nach seiner Herkunft zu stellen. Psyches neidische Schwestern überreden sie, dieses strenge Gebot zu übertreten. Als sie es tut, muß Amor sie verlassen. Auf der Suche nach ihm hat sie schwere Bewährungsproben zu bestehen. Als Psyche schließlich aus der Unterwelt, dem Reich der Göttin Proserpina, die von Venus verlangte Schönheitssalbe holt und trotz Verbotes daran riecht, scheint sie endgültig verloren. Doch im letzten Moment erbittet Amor bei Jupiter die Heirat und macht damit ihrer beider Liebe unsterblich.

Der Orangerie ordnen sich in Richtung des Ackerlandes Scheunen und Lager zu. Damit erweist sich die Grundstruktur von Rüdigsdorf der von Sahlis vergleichbar: Im Zentrum liegt der private Bereich des Grundherren, abgeschirmt durch Gartenanlagen gegenüber dem Wirtschaftsbereich. Die Katen der Tagelöhner und Häusler befanden sich in angemessener Entfernung entlang der Landstraße nach dem südlich gelegenen Neuhof (heute ein Ortsteil von Kohren-Sahlis). Zu dem durchorganisierten Landwirtschaftsbetrieb gehörte selbstverständlich auch eine Mühle. Ganz in der Nähe von Rüdigsdorf, am Lindenvorwerk, hatte man das Flüßchen Maus gestaut und konnte mit dem so entstehenden Wasserdruck die *Lindigtmühle* — heute ein Mühlenmuseum — betreiben. Der kleine Stausee wurde auch zur Fischzucht genutzt. Gleichzeitig beeinflußten die Wasserbauten nachdrücklich die Landschaftsgestalt: am Lindenvorwerk der aufgestaute Mühlteich, nordwestlich von Kohren die *Eschefelder Teiche*, die man auch »Himmelsteiche« nannte, weil sie vom Regenwasser gespeist wurden. Ihre Anlage, die in erster Linie der Fischzucht dient, erfolgte nach dem Überlaufprinzip in mehreren Höhenstufen. — Nach langer Vernachlässigung in der Nachkriegszeit hat sich hier intensive Gewässerpflege bezahlt gemacht; es konnte ein geschütztes Brutgebiet für Wasservögel entstehen.

Noch beeindruckender sind zwei wichtige Stauanlagen, die man erst in jüngster Zeit errichtet hat. Zwischen Pähnitz und Windischleuba, westlich von Kohren, erstreckt sich der große *Pleißestausee*, der mit seinem Erddamm den Hochwasserschutz des Gebietes von dieser Seite her garantiert. Oberhalb des Sees sind Fischzuchtteiche in mehreren Terrassen entstanden. Im Süden von Kohren staut die *Schömbachtalsperre* die Wyhra auf. Neben ihrer Schutzfunktion hat sie die Aufgabe, die Wasserversorgung der Kohle- und Energiebetriebe im Kreis Borna zu sichern.

Mit den Wasseranlagen vervollständigt sich das Bild der Baugestalten in dieser Landschaft. Der Herrensitz, das Gut mit den dazugehörigen Ökonomiebauten, die Katen der Ärmsten, das Vorwerk, die Mühle und ein System von Teichen mit unterschiedlichster Funktion hatten jeweils ganz spezielle Aufgaben, die sich in der Bauweise und der Zuordnung äußerten. Trotz ihrer Verschiedenheit standen sie in einem unauflöslichen, sich gegenseitig bedingenden Zusammenhang. Räumlich abgehoben, ökonomisch jedoch vielfältig mit dem beschriebenen Umfeld verbunden, sind die Höfe der Mittel- und Großbauern. Der architektonisch beeindruckendste von ihnen ist unweit vom »Pflug« gelegen, ein imposanter Vierseitenhof an der Schömbachtalsperre. Ebensolche Großhöfe liegen aufgereiht wie Perlen auf einer Schnur, an den

Straßen nach Jahnshain und Meusdorf. In den Jahren nach der Revolution von 1848 veränderte sich die ökonomische Situation in ganz Deutschland entscheidend. Die Industrialisierung machte stürmische Fortschritte, günstigere Handelsbedingungen traten ein, und die Bevölkerung nahm relativ rasch zu. Diese Faktoren, verbunden mit einer sich immer stärker durchsetzenden rationellen Führung der Landwirtschaftsbetriebe, steigerten die Erträge, ermöglichten bei erhöhten Preisen einen guten Absatz der Produktion. Jedoch nur größere Wirtschaften boten die Basis für einen derartigen Entwicklungstrend, während die Kleinbauern noch mehr verschuldeten. Selbstverständlich wünschten die wohlhabenden Bauern, ihre gefestigtere Stellung auch sichtbar zu machen. So entstand die Mehrzahl der Vierseitenhöfe erst zu diesem Zeitpunkt. Auffallend sind die ausgewogenen, dem späten Klassizismus verdankten Proportionen und die oft aufwendig gestalteten Schmuckgiebel der Wohnhäuser. Und während die Tagelöhner und Kleinbauern ihre Häuser oder Gehöfte unmittelbar an der Straße errichteten, legte man die Vierseitenhöfe weit zurückgesetzt an, häufig auf Anhöhen: jeder Hof die Kopie einer Burg. Ebenso scheinen die zugehörigen Bauerngärten, bepflanzt mit Frühlings- und Sommerblumen, Wein, Buchsbäumen und Kräuterkulturen, der Versuch zu sein, im kleinen Maßstab die Schloßgärten nachzugestalten. Wenn die regionalen Großgrundbesitzer die Prachtentfaltung der Monarchen an den europäischen Höfen kopierten, kopierten die Großbauern ihrerseits die Großgrundbesitzer, in Umfang und Ausstattung genau dem gesellschaftlichen Stand angemessen. So setzte sich die hierarchische Gesellschaftsstruktur — nachvollziehbar für uns — in den Bauwerken fort. Anfang September 1945 enteignete Sachsen als erste deutsche Provinzialverwaltung Grundbesitzer mit einer Landfläche über 100 Hektar und führte so die demokratische Bodenreform durch; damit wurden die Besitzverhältnisse grundlegend verändert. Allein die Landschaftsstruktur im weitesten Sinne unterlag keinen Veränderungen. Auch die Neubauernhöfe, die meist dort entstanden, wo früher die Tagelöhner angesiedelt waren, führten keine gravierenden Landschaftsveränderungen herbei. Selbst mit der Gründung der Landwirtschaftlichen Produktionsgenossenschaften von 1952 bis 1960 ergaben sich keine einschneidenden Wandlungen. Viele der Mittel- und Großbauernhöfe wurden sogar in die LPG eingebracht und formierten so wichtige Substanz der heutigen Baugestalt mit. Da jede Epoche ihre ganz spezielle Architektur hervorbringt, stellt sich die Frage nach dem Zeitpunkt, zu dem die sozialistischen Produktionsverhältnisse auf dem Lande ihren speziellen baulichen Ausdruck fanden. Auch er ist ziemlich exakt bestimmbar. Eingeleitet wurden die Veränderungen noch während der sechziger Jahre, als die industrielle Viehhaltung mit ihren Großstallungen und den dazugehörigen Scheunen und Lagerhallen für landwirtschaftliches Gerät begann. Ihre Fortsetzung fand diese Entwicklung in der Gründung der kooperativen Abteilungen Pflanzenproduktion, so auch der KAP »Kohrener Land« im Jahre 1969, die das volkseigene Gut und fünf LPGs zusammenschloß. Diese Dimension, die immerhin 2 000 Hektar umfaßt, mußte Konsequenzen für eine neue Bautätigkeit haben. Aber auch die Vergrößerung der einzelnen Felder bis zu 120 Hektar, also die konsequente Großraumwirtschaft, hat das Gesicht der Landschaft neu geprägt. Viele der Neubauten, etwa die silbern glänzenden und weithin sichtbaren Hochsilos bei Jahnshain, sind zu wahrhaften Symbolen unserer Zeit geworden. Negative Auswirkungen ergaben sich stets da, wo man nach ausschließlich technologischen Gesichtspunkten regelrechte Industrieanlagen errichtet hat. Wiewohl die Forderungen, die an die industrielle Produktion in der Landwirtschaft gestellt werden, begreiflich sind, hatte doch die unabgewandelte Übernahme der Industriebauten aus Fertigteilen die ersten wirklich einschneidenden Landschaftsveränderungen zur Folge. Die relativ organisch gewachsenen Orte brachen auf und wurden oft auch in der Flächenausdehnung zersiedelt. Ein zweiter wesentlicher Eingriff in die Landschaft ergibt sich nun aus der sich prozeßhaft verändernden Nutzung der traditionellen, also der alten Bauerngehöfte. Gerade die Vierseitenhöfe sind davon betroffen: private Tierhaltung und Feldbearbeitung haben nur noch geringen Umfang, Großscheunen und -stallungen sind überflüssig. Entweder verfallen die nicht mehr benötigten Gebäude — was oft gleichbedeutend mit der Zerstörung der ursprünglichen Baukörper ist und höchst merkwürdige Gebilde hervorbringt —, oder sie werden genutzt, um mehr Wohnraum zu schaffen. Wie viele Beispiele im Gebiet zeigen, geschieht dies nur selten mit Bewahrung der vorhandenen Substanz. Städtische Einflüsse, deutlich an den querformatigen, großen Fenstern sichtbar, bestimmen zunehmend die Art und Weise der Ausbauten. Besonders wenn man bedenkt, daß eine Organisation der Landwirtschaftsbetriebe angestrebt wird, die Tier- und Pflanzenproduktion in einem Territorium wieder zusammenführt, sie also nicht mehr in weit voneinander getrennte Spezialbetriebe aufgliedert, muß man sich die Frage stellen, ob diese Veränderung in den äußeren Bedingungen nicht auch neue Überlegungen für das ländliche Bauen hervorbringen müssen. Den Modernisierungen begegnet man aber nicht nur bei diesen Gehöften allein. Auch in den einzelnen Orten des Kohrener Landes sind sie unübersehbar, begonnen bei dem Fachwerkhaus, das unmittelbar neben der Kohrener Burgruine stand — die schon erwähnte Zeichnung von Ludwig Richter vermittelt einen Eindruck vom früheren Zustand —, über die Gnandsteiner Schule und das dortige Mühlengut bis zu den zahllosen Wohnhäusern. *Altmörbitz* hat schon so starke Veränderungen erfahren, daß erwogen wird, es aus der Liste der denkmalgeschützten Ortschaften zu streichen. Dennoch: Verglichen mit der landesweiten Tendenz halten sich im Gebiet um Kohren die Ausmaße modischer Umgestaltung in Grenzen. Stellt man sich die Frage, ob Umwandlungen der in langen Zeitläufen entstandenen Bauten überhaupt gerechtfertigt sind, muß man darauf, historisch gesehen, prinzipiell bejahend antworten. Jede neue Zeit — dies zeigen auch die Begegnungen mit gesellschaftlichen Umbrüchen in der Vergangenheit — muß das Erbe einer Prüfung unterziehen: Wie kann es verwendet werden, welche Rolle soll es im neuen Leben spielen. Lange galten nur zwei Antworten: Zum einen war es die bewußte Verwischung des Unterschiedes zwischen Stadt und Land hinsichtlich der Landschaftsgestaltung — damit sind nicht die Forderungen nach Beseitigung der Unterschiede im Lebensstandard gemeint —, und zum anderen ist es der republikweite Einsatz von standardisierten Bauten, wodurch die typische Gestalt der Orte bedroht wird. Beide Argumente waren Ursache für Fehlentscheidungen: beide wurden in den achtziger Jahren zunehmend von neuen Gestaltungsüberlegungen für dieses Gebiet und andere Gebiete abgelöst. Die höhere Produktivität unserer Wirtschaft erfordert, im weitesten Sinne ökologisch zusammenhängend zu denken, und sie ermöglicht entsprechendes Handeln. Das schließt heute die gesamte Kulturlandschaft, also die Natur und die menschlichen Ansiedelungen, ein. In der Vergangenheit wirkte sich die intensive Feldwirtschaft beeinträchtigend auf die

Existenz bestimmter Wildarten aus. Weil ihnen an vielen Orten die Nahrungsgrundlage entzogen war, wurde ihr Vorkommen immer seltener. Jetzt werden durch die Zusammenarbeit von Land- und Forstwirtschaft Möglichkeiten gefunden, diesen Tierarten bestimmte Biotope zu erhalten. So legt man Trennstreifen zwischen Wald- und Ackerflächen an, düngt das Grünland nicht mehr bis zum Waldrand, bepflanzt wieder Ödland und forstet Waldecken auf. Was so einerseits der Lebenserhaltung der Tiere zugute kommt, erhöht andererseits den Reiz der Landschaft außerordentlich. In diesem Zusammenhang ist das aus einem gefestigten Traditionsbewußtsein erwachsene starke Heimatgefühl vieler Bürger in Stadt und Land ein gewichtiger Faktor. Manche versuchen, das für ihre Umgebung Charakteristische aufzuspüren, mit unseren neuen Ansprüchen zu verbinden, unter anderem die Anlage des Ortes, die Baugestalt der Häuser betreffend oder auch nur die Schmuckformen an den Gebäuden.

Im Kohrener Land sind — Einschränkungen wurden angemerkt — historische Zeugnisse noch in großer Vielfalt zu finden. Typisch für dieses ländliche Gebiet war der Übergang von der sächsischen zur thüringischen Bauweise, denn Altenburg und das ihm vorgelagerte Land gehörten bereits zu Thüringen. Während in Altmörbitz die Schmuckformen vornehmlich noch sächsischer Tradition folgten — die Sonnentore zum Beispiel —, sind die dunkelbraunen oder schwarzen Fachwerke, die zu den weißen Putzflächen kontrastieren, schon für beide Territorien bezeichnend. Davon hebt sich die kleinstädtische Bauweise in Kohren sehr deutlich ab; sie läßt sich in dieser Form nur in Sachsen finden: Die Handwerker und wohlhabenden Bauern bevorzugten gemauerte und durchgängig verputzte Bauten, deren Gesimse mit Porphyrgewänden abgesetzt waren. Es kann auch verfolgt werden, wie trotz der einander abwechselnden einzelnen Stilepochen das Grundmuster der Gebäude über Jahrhunderte hinweg nahezu unverändert blieb. Der älteste Schlußstein am Kohrener Markt trägt die Jahreszahl 1646. Das Haus, an dem sich der Stein befindet, weist im Grundriß und in der Baugliederung Ähnlichkeiten zum Dolsenhainer Bürgermeisteramt aus der Zeit des Klassizismus und sogar zum Vierseitenhof am »Pflug« auf. Das baugeschichtlich Bewährte wurde aufgenommen, dem Zeitgeschmack angepaßt und für eine neue Funktion eingerichtet.

Selbstverständlich belegen die geschichtlichen Erfahrungen — und hier sind die Erkenntnisse aus unserer neuesten Geschichte einbezogen — auch, daß sich neue Gedanken und veränderte Anforderungen nicht von einem Tag auf den anderen in der Alltagspraxis umsetzen. Gerade in dem Moment, in dem sich Veränderungen notwendig machen, bleiben oft noch individuelle Vorstellungen erhalten und realisieren sich vor allem im persönlichen Bereich. So häufen sich beim Eigenheimbau, ganz im bereits geschilderten Sinne, Kopien von vermeintlich Wohlstand ausweisenden Versatzstücken. Ornamente aus Marmorriemchen oder gefliese Haussockel genießen weit größere Beliebtheit als die Schmuckformen, die die reiche Baugeschichte des Territoriums anbietet. Überdeutlich wird das Problem bei den tief in die Landschaft eingreifenden Datschen-Kolonien. Aber Wagenrad und Stallaterne stehen nicht nur für Statusdenken und Protzerei schlechthin; sie setzen der Perfektionierung unseres Alltags die Sehnsucht nach Beschaulichkeit nachdrücklich entgegen. Die immer effektiver arbeitende Technik ermöglicht auch immer mehr freie Zeit. In der Freizeit kann der Werktätige bestimmte handwerkliche Fähigkeiten ausüben und so bewahren. Entrüstete Abrechnung mit den Lauben und Datschen nur aus negativem Blickwinkel erweist sich also als unzureichend.

Die beurkundete Geschichte des Kohrener Landes ist älter als 1 000 Jahre. Seine Entwicklung zu einer wertvollen Kulturlandschaft vollzog sich im Zusammenhang mit ökonomischen und politischen Prozessen. Vom augenfälligsten Nachweis gesellschaftlicher Entwicklungen in dieser Landschaft, dem Bauen, war eben die Rede. Dabei dürfen jedoch die Ausführenden nicht vergessen werden, die jeweils unter ganz bestimmten gesellschaftlichen Verhältnissen lebten und dementsprechend ihre Umwelt gestalteten.

Heute ist die gesamte Gesellschaft an diesen Umwandlungsprozessen aktiv beteiligt, denkt man nur an die Einzelbauern, die sich zu Genossenschaften zusammenschlossen und damit wirklich ihre eigenen Verhältnisse prägen konnten. In der Vergangenheit hatten zwar die arbeitenden Menschen die Lasten der Geschichte zu tragen; sie konnten aber noch nicht selbst die Initiatoren der Wandlungen sein. Crusius vollzog für sich die Ablösung vom Feudalismus und trug dazu bei, auf dem Land kapitalistische Verhältnisse durchzusetzen. Der Feudalismus schuf die Grundlagen für gesicherten persönlichen Besitz einiger Weniger. Das Eindringen in die Geschichte selbst eines so eng begrenzten Gebietes führt aber auch zu der Erkenntnis, daß jene Kräfte, die den Gang der historischen Entwicklung aufzuhalten versuchen, an den realen Verhältnissen scheitern müssen. Zwei Personen, die im Kohrener Land in dieser Hinsicht Geschichte gemacht haben, sollen hier noch vorgestellt werden.

Da ist einmal die berühmte Ritterfigur dieses Landstrichs, *Kunz von Kaufungen*. Sein Lebensroman, der das Kohrener Land mit Altenburg, Freiberg und Hartenstein verbindet, reduziert sich heute fast nur noch auf die Story eines mittelalterlichen Kidnappings. Aber seine bereits zu Lebzeiten veralteten Auffassungen von einem treuen Rittertum, das ehrliche Gefolgschaft für den Lehnsherren auf die Fahnen geschrieben hatte, machten ihn gegenüber den aggressiven, machthungrigen Vertretern des Feudalismus zu einem Don Quichotte. Man muß sich in das Jahr 1455 zurückversetzen. Kunz hatte dem Kurfürsten von Sachsen, Friedrich II., der der Sanftmütige genannt wurde, seine Kriegsdienste angeboten, begriff dabei aber nicht, daß er einem Mann diente, der zielstrebig die Schwächung der Reichsgewalt und gleichzeitig die Stärkung der eigenen kurfürstlichen Macht betrieb. Der Krieg zwischen Friedrich und seinem Bruder Wilhelm um die Aufteilung der zum Hause Wettin gehörenden Besitzungen war beendet, und Kunz bestand darauf, als Lohn seiner Waffendienste eine Entschädigung für die im Krieg zerstörten eigenen Güter zu erhalten. Doch Friedrich erwies sich gegenüber dem Gefolgsmann weder als sanftmütig noch als nobel und lehnte dessen Wünsche rundheraus ab. Im Gegenteil. Er lastete ihm frühere Verfehlungen schwer an und drohte mit Sanktionen. Vermutlich in dem befestigten Rittersitz Wolfsburg, der, einige Kilometer von Kohren entfernt, im Streitwald gelegen war — exakt können die damaligen Geschehnisse heute nicht dokumentiert werden —, hat Kunz Rachepläne geschmiedet. Dabei kamen ihm seine Kenntnisse als früherer Burgvogt des Altenburger Schlosses sehr zustatten. Außerdem wurde er von einem bestochenen Küchenjungen — die Geschichtsbücher nennen auch diesen Namen: Hans Schwalbe — rechtzeitig über die Abwesenheit des Fürsten informiert. So war es kein Problem mehr, Friedrichs Söhne Ernst und Albrecht, die späteren Stammväter der ernestinischen und albertinischen Linie des Hauses Wettin nach der Teilung von Leipzig 1485, zu entführen. Natürlich entspann sich eine wilde Verfolgungsjagd. Dabei erwies sich Kunz' Einfall, seine Mannen zu trennen, um so die Verfolger zu verwirren, als unklug. Er selbst wurde schutzlos bei einer Rast von Bauern und Köhlern überwältigt; die andere Abteilung, die sich in der Nähe des Schlosses Stein an der Zwickauer Mulde versteckt hielt, ergab sich, als bekannt wurde, daß man Kunz festgenommen hatte. Um diese Verfolgungsjagd ranken sich abenteuerliche Interpretationen. Verbürgt allerdings ist das Ende des Ritters auf dem Schafott zu Freiberg und die darauf folgende Zerstörung der Wolfsburg. — Es sei an dieser Stelle daran erinnert, daß die Burgen wirklich als eine Art Monument ihres Besitzers verstanden wurden und vernichtet werden mußten, wenn dieser in Ungnade fiel. Nach damals geltendem Recht — und es war ironischerweise noch das alte Ritterrecht, auf das sich Kunz selbst berief — hatte er sich doppelt schuldig gemacht, indem er nicht nur die Prinzen entführte, sondern es auch unterließ, seine Fehde drei Tage vorher bekanntzugeben. Damit hatte er den Landfrieden gebrochen und war durch das Schwert zu richten. Während Kunz das Opfer einer veränderten feudalistischen Politik wurde, mußte seine Gefangennahme durch Bauern und Köhler vierhundert Jahre später zur Demonstration der angeblichen Verbundenheit der Untertanen mit der Herrschaft herhalten: *Ernst Erwin Oehme* hat diese Szene auf einem Gemälde wiedergegeben, das heute in der Meißner Albrechtsburg hängt. Der auf dem Bild agierende Köhler Schmidt gehört ins Reich der Legende.

Auch eine weitere, zur Geschichte des Kohrener Landes gehörende historische Figur hatte — nahezu fünfhundert Jahre später — die Zeichen der Zeit nicht erkannt: *Börries von Münchhausen.* Sein Wasserschloß liegt in *Windischleuba*, dem äußersten südwestlichen Punkt des Kohrener Landes, wo deutlich die sächsisch-thüringische Kulturgrenze verläuft. Das Schloß, das in den letzten Jahren mit großem Aufwand von einer Ruine in eine gut restaurierte Jugendherberge umgewandelt wurde, ist keine Spitzenleistung stilreiner Baukunst. Nach ständigen Umbauten der alten Renaissance-Substanz, deren Ursprünge im 14. Jahrhundert lagen, war ein Stilkonglomerat entstanden. Münchhausen, der letzte Besitzer, ließ dem Bau eine neugotische Fassade vorsetzen. Das entsprach genau seiner Haltung. Er verabscheute die neue Zeit, vor allem auch den sich ankündigenden grundlegenden gesellschaftlichen Umbruch in Richtung Sozialismus, wie er auch den entwickelten Kapitalismus verabscheute. Er lebte in einer Scheinwelt aus Rittertum und aristokratischem Dünkel. Einige seiner Dichtungen belegen diese Geschichtssicht: »Freund, es ist mir einerlei / Alles Versgesinge, / Gottesfurcht und Reiterei / Sind die wicht'gen Dinge.« Nur wenige seiner literarischen Arbeiten haben überdauert, zumeist sind es solche, in denen er eine ihm vertraute Landschaft beschrieb. So die Verse über den Schloßpark von Sahlis, der ihm nach der Heirat mit der Crusius-Witwe gehörte: »Die Sandstein-Venus hebt ihr schweres Kleid / Wie frierend an die moosgrün triefenden Glieder / Der feuchte Wind weht ihr vom Stirngeschmeid / Die nassen Perlen in den Rasen nieder ...« Stärker als jede Verbundenheit mit der Landschaft war freilich seine politische Borniertheit, die ihn in die Reihen der faschistischen SS trieb. Entsprechend war seine Haltung zu den literarischen Zeitgenossen. Hatte in den zwanziger Jahren der Lyriker und Erzähler Klabund in seiner »Deutschen Literaturgeschichte in einer Stunde« jene Namen genannt, von denen er glaubte, daß sie bleiben würden, Sternheim, Kaiser, Walter Hasenclever, Schickele, Brecht, Thomas und Heinrich Mann, Meyrink, Schnitzler, Hesse, Wassermann, Kraus, Becher, Ehrenstein und Werfel, veröffentlichte Münchhausen 1933 einen Aufsatz mit dem Titel »Die neue Dichtung«. Dort schreibt er: »... und man sieht schon hier, wie grundsätzlich wir heute jene Bücher ablehnen von Alfred Döblin, Albert Ehrenstein, Georg Kaiser, Oskar Kokoschka, Else Lasker-Schüler ... Heinrich Mann ... Ludwig Rubiner, Paul Scheerbart, Carl Sternheim ... Ernst Toller, Jakob Wassermann, Frank Wedekind, Franz Werfel ... Paul Zech usw. Der Spektakel verklang schneller, als man bei diesem Stimmaufwand der Warenproduzenten und ihrer Makler gedacht hätte.« Der Vollständigkeit halber sei erwähnt, was Münchhausen für »heute wesentliches Schrifttum« hielt. Das reichte von Agnes Miegel über Gustav Frenssen bis zu Kolbenheyer und Johst. — Als Münchhausens Traumwelt mit dem Faschismus zusammenbrach, wählte er als letzte Konsequenz den Freitod. Es war das Ende eines Lebensweges, auf den ihn seine Verweigerung gegenüber der geschichtlichen Vernunft geführt hatte.

Das Kohrener Land ist ein Gebiet mit fließenden Grenzen in der von Industrieschornsteinen gezeichneten Landschaft ringsum. Was macht seinen Reiz aus, woher rührt die Sehnsucht vieler nach diesem Refugium der Unberührtheit, das so unbeschädigt nicht ist? Die Erklärung erweist sich als kompliziert und einfach zugleich. Zunächst: Das Land manifestiert ein Jahrtausend der Harmonie von Natur, kultivierter Landschaft und gebauten Siedlungsstrukturen, und noch immer sind, von teilweisen Einbrüchen abgesehen, negative Folgen einseitiger Industrialisierung vermieden worden. Der »Zweckverband Kohrener Land«, eine Interessengemeinschaft aller am Naherholungsbetrieb beteiligten Orte, hält seine schützende Hand über das Gebiet und versucht nicht, Naherholung um jeden Preis zu betreiben. Etwas Wichtiges kommt hinzu: Die wechselvolle Biografie des Kohrener Landes kann man sich auf kurzer Fußwanderung erschließen. Und schließlich handelt es sich um eine Zusammenballung sächsischer und thüringischer Bauformen. Doch die unterschiedlichsten Einflüsse treffen hier ruhig, mit ländlicher Gelassenheit aufeinander. Sie wurden kaum je streitbar, wie es in solch einer Pufferzone denkbar wäre, ausgetragen, denn der Landstrich liegt, obwohl geografisch zentral, entwicklungsgeschichtlich mehr am Rande der großen Veränderungen.

Um die kulturelle Vielfalt durch alle Epochen, die landschaftliche Spezifik, Einheit von harmonischer Natur und Zivilisationsleistung, zu bewahren, bedarf es mehr als natur- oder denkmalschützerischen Engagements allein. Als aktuelle Forderung muß die Bewahrung des geistigen Zusammenhangs einer ganzen Kulturtradition, also komplexer Kultur- und Naturschutz, angesehen werden.

Von der Straße aus, die von Kohren nach Gnandstein führt, sind die 300 Meter hohen Schornsteine der Kraftwerke Lippendorf und Thierbach sichtbar, dahinter die Fackel von Olefin Böhlen. Nur dieser eine Weg, durch das Braunkohlerevier, führt zurück nach Leipzig und endet im Stadtzentrum am Floßplatz, wo vor Jahrhunderten das Holz aus dem Erzgebirge zum Bauen und Heizen umgeschlagen wurde. Die Energieträger von heute werden vor der Tür gewonnen, in der Landschaft zwischen Kohren und Leipzig.

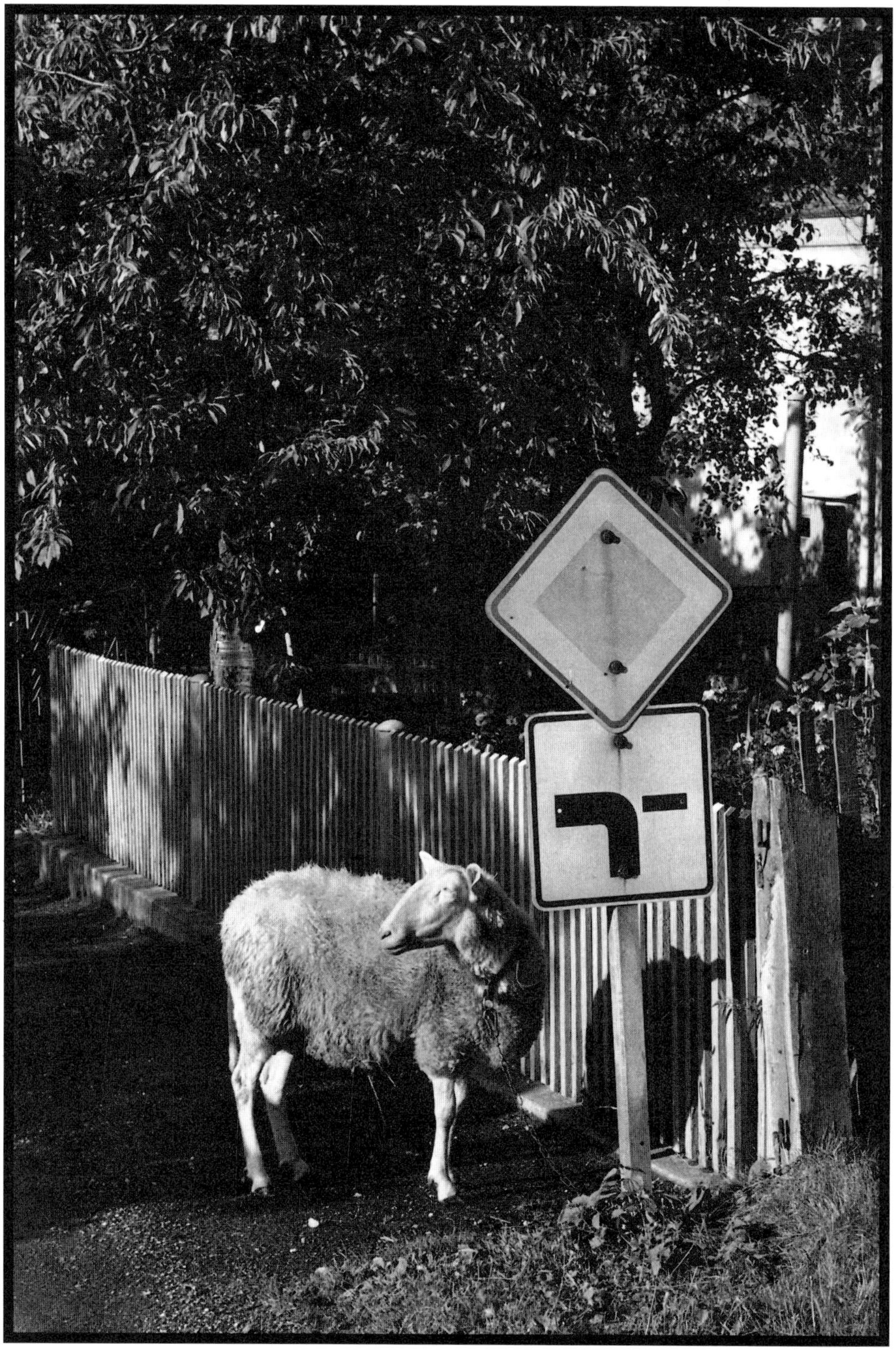

Straße nach Gnandstein

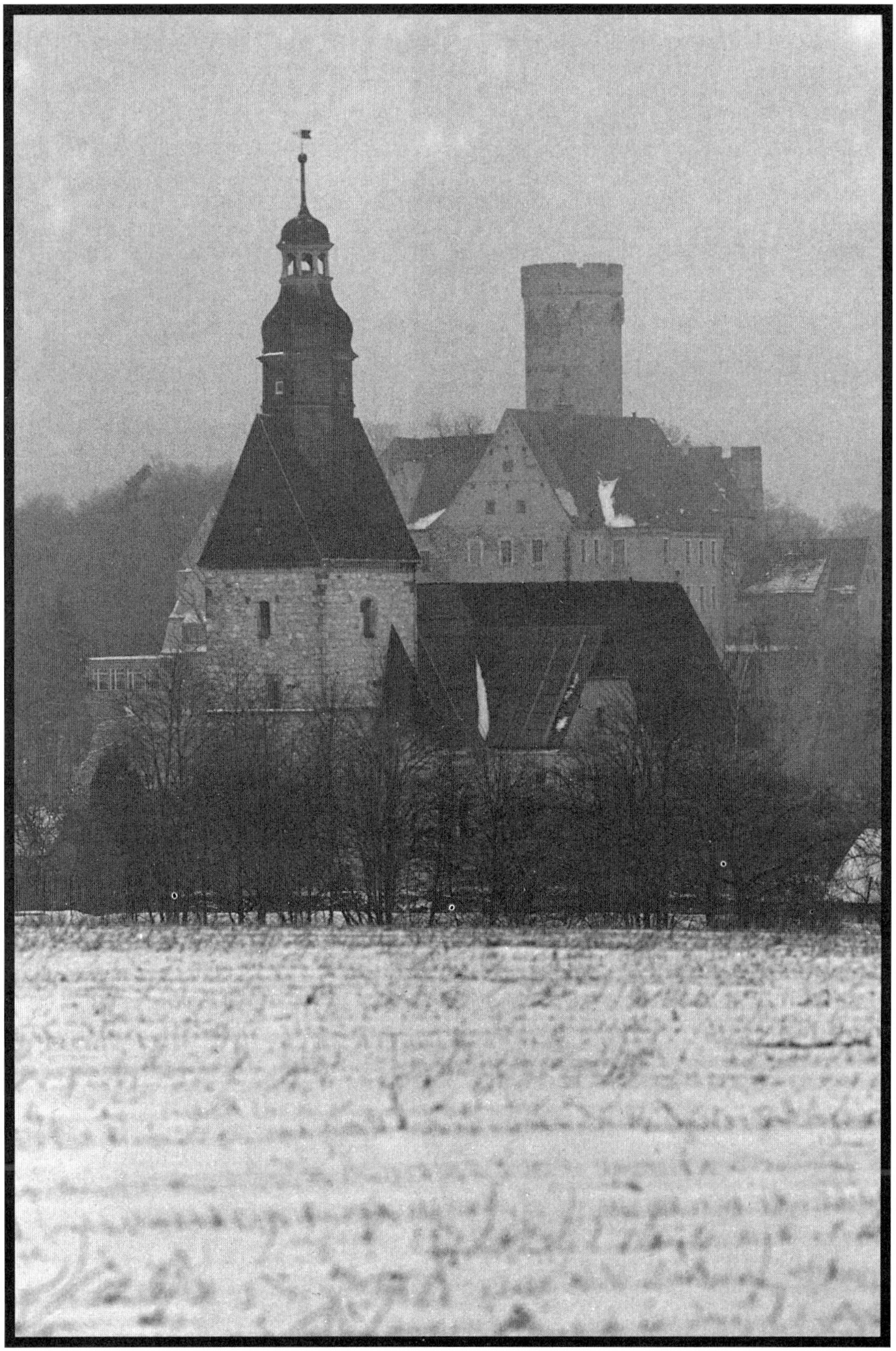

Kirche und Burg Gnandstein

Bergfried

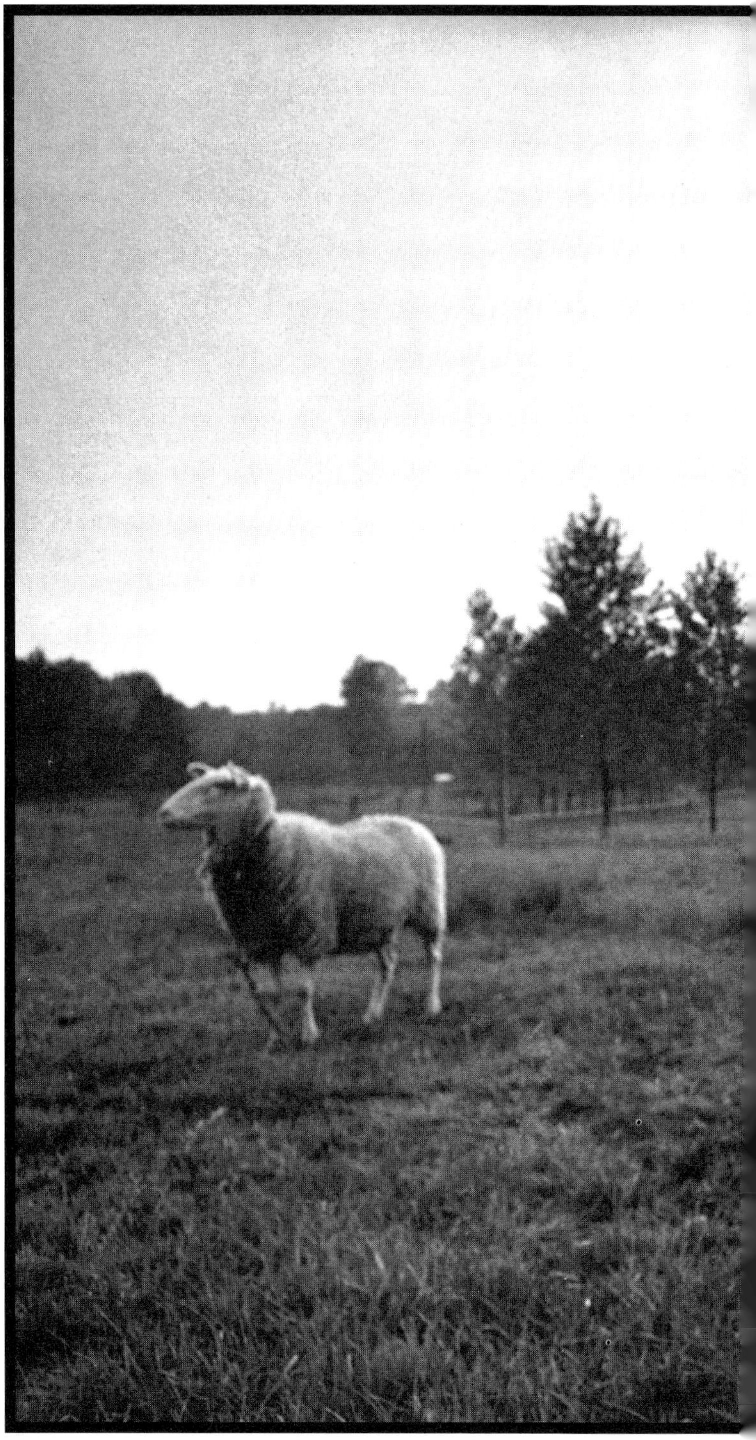

Gnandstein

Wyhratal nördlich der Burg Gnandstein

Landschaft zwischen Gnandstein und Kohren

Dorfidylle

Moderne Tierproduktion in Jahnshain

Die »Maus« zwischen
Lindenvorwerk und Rüdigsdorf

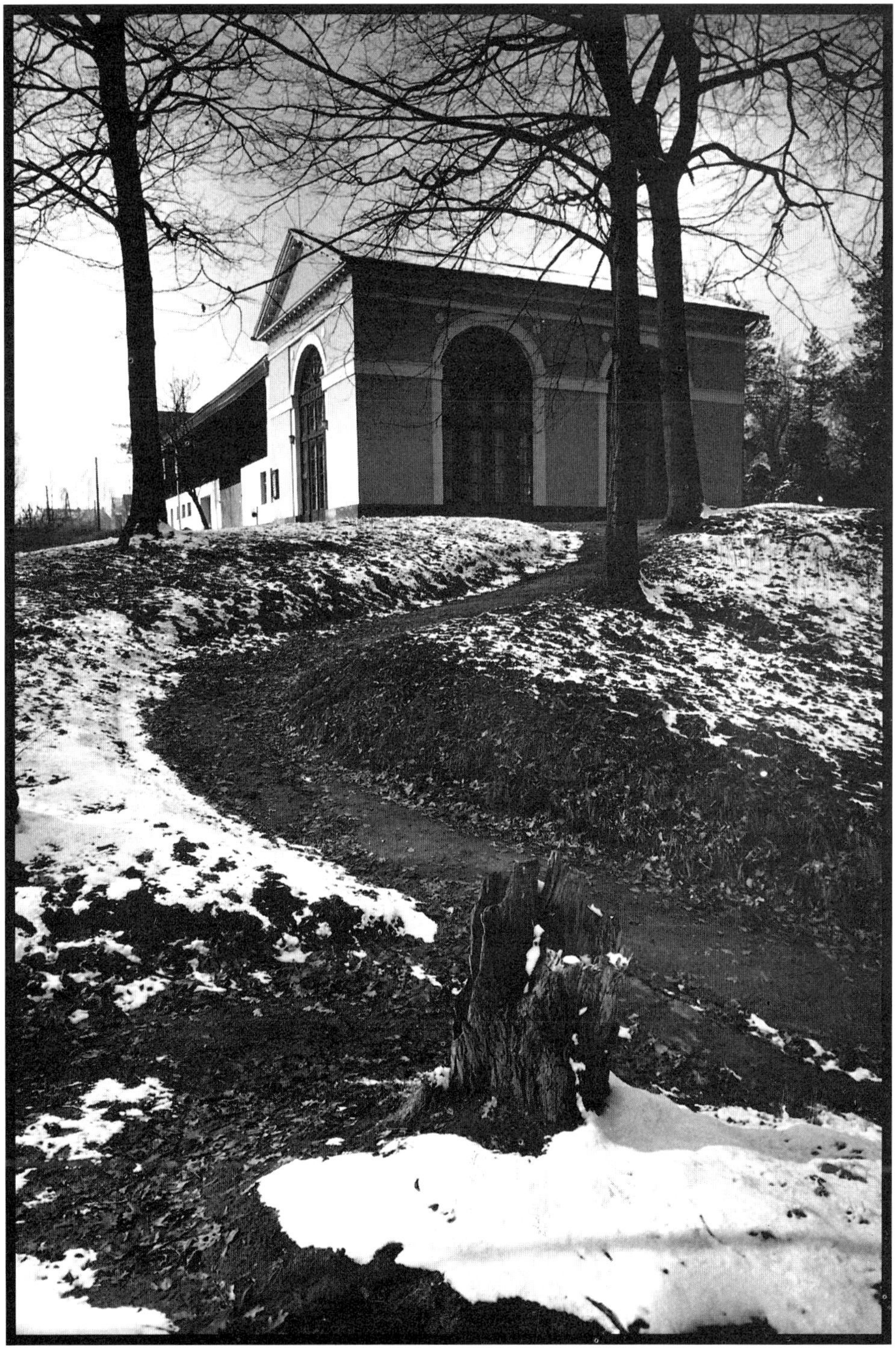

»Schwindpavillon« in Rüdigsdorf

Blick auf den Kohrener Markt

Kleingartenanlage
gegenüber der Stadt Kohren-Sahlis

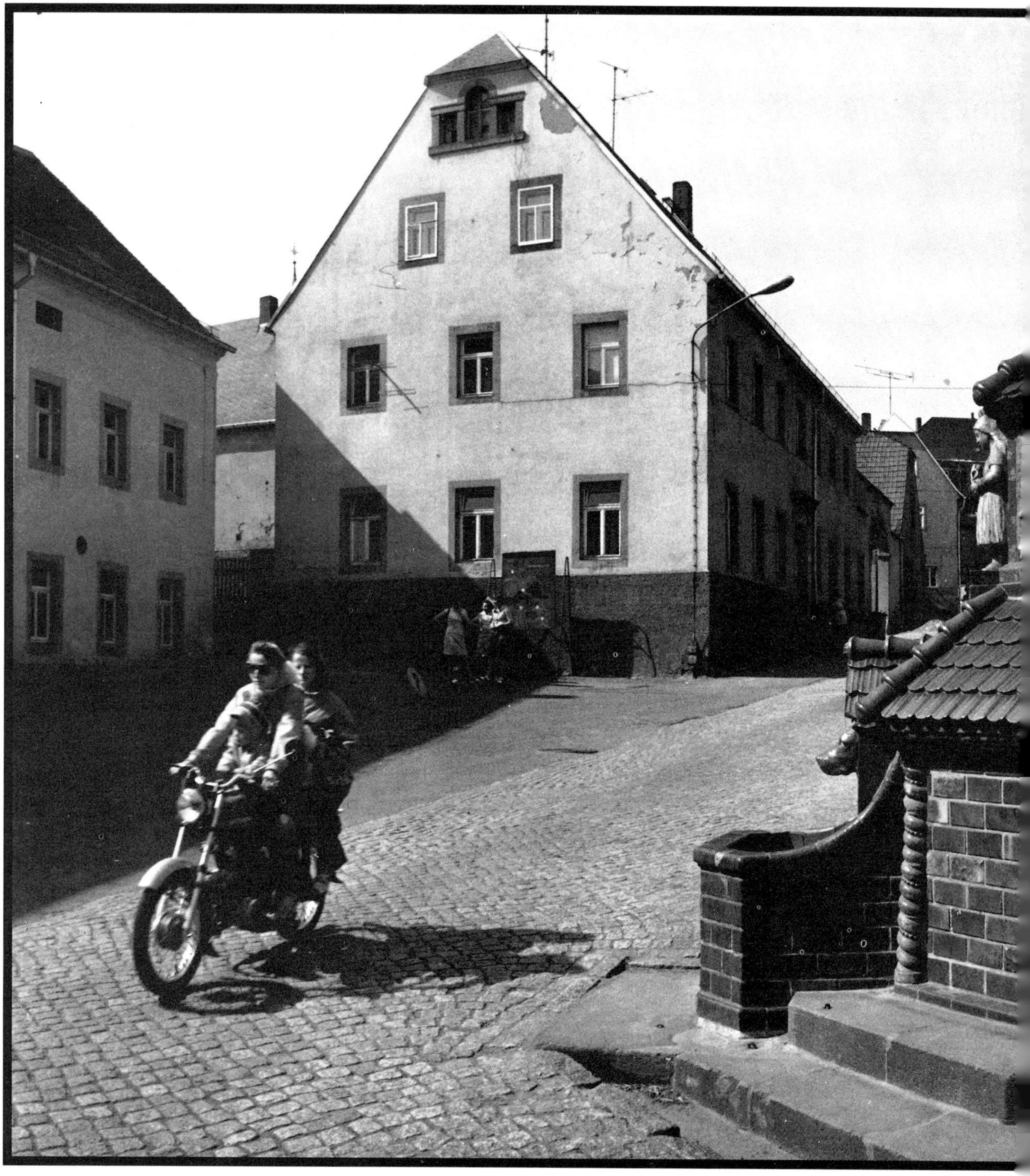

Marktplatz Kohren: der Töpferbrunnen

Die historische Töpferei »Arnold« in Kohren

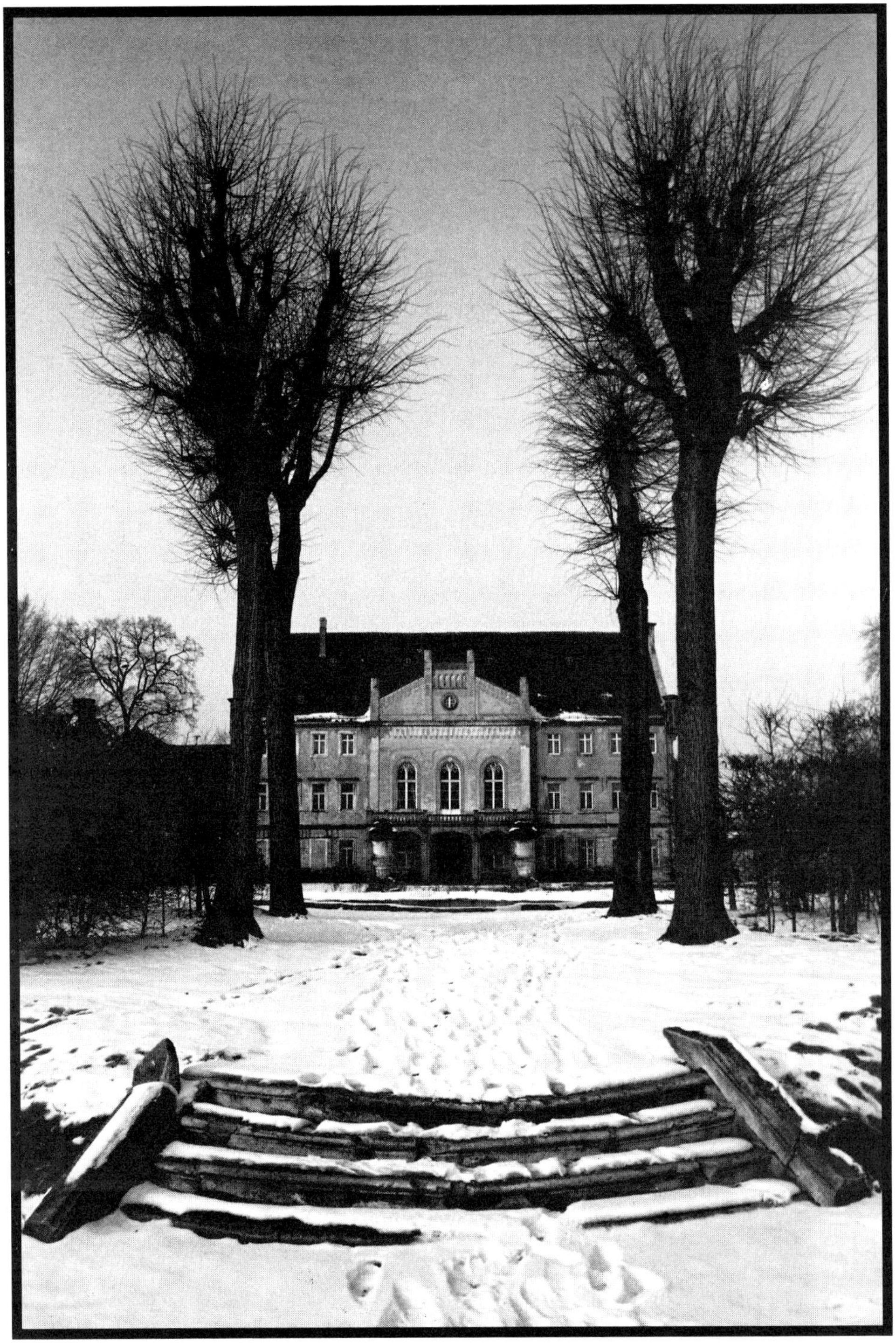

Park und Schloß Sahlis

Wiederhergestellter Putto im Rokokopark Sahlis

Porphyr als traditionelles Baumaterial –
Stalleingang im ehemaligen Rittergut Rüdigsdorf

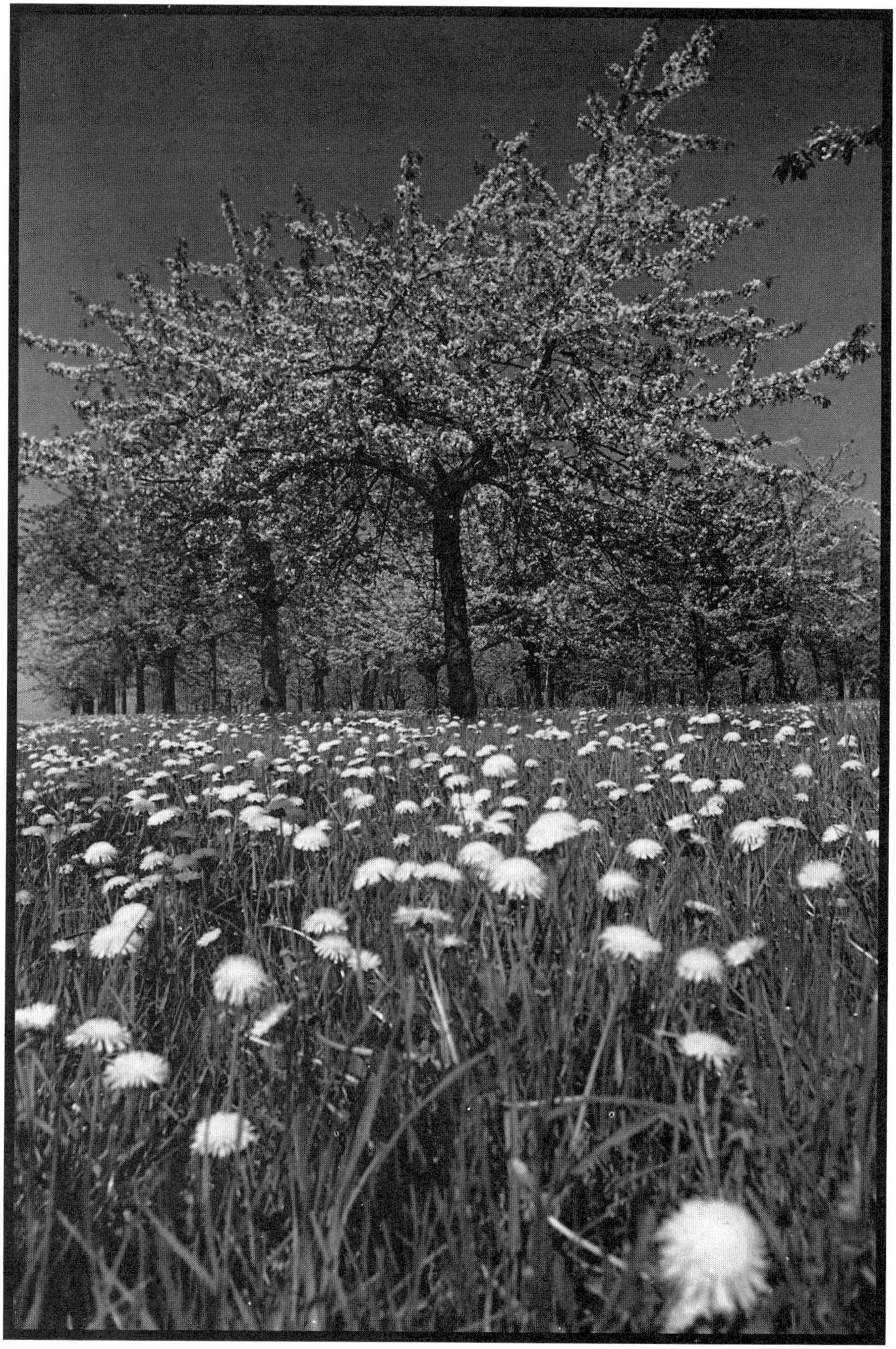

Baumblüte im Kohrener Land

Die Kohle

Zwischen dem Kohrener Land und den Leipziger Flußauen liegt das Land des Umbruchs, das der Kohle. Bis in das Weichbild der Stadt hinein haben die Bagger ihre Spuren gefressen. In der *Bergbaulandschaft* ist die Trennung zwischen Vergangenheit und Gegenwart scharf und schmerzhaft: Ganze Ortschaften verschwinden, und an ihre Stelle treten Tagebaue; Abraumhalden werden zu Wäldern, Restlöcher verwandeln sich in Seen. Hier gibt es immer wieder eine Stunde Null, mit der eine ganz neue, völlig andere Biografie der Landschaft beginnt. Für die Zaungäste von draußen, die staunenden Laien, ist es schwer vorstellbar, daß es plötzlich die alte Kneipe mit dem Stammtisch nicht mehr gibt, daß die in Jahren mühevoller Arbeit gebauten Einfamilienhäuser gesprengt werden, Schulen, Kirchen. Und Schicksale, Familientratsch, erste Liebeleien, die geheimnisvollen Verstecke unzähliger Kinderspiele liegen im Abbruchschutt begraben. Auch das gehört zur Leipziger Landschaft.

Erinnerung an den Jahreswechsel 1978/79. Leipzig, die Stadt der Energie, war Silvester und Neujahr ohne Strom, ihr ganzer wohltemperierter Tagesablauf durcheinandergeraten. Erinnerungen an Zeiten mit Lebensmittelkarten und Stromsperren lebten auf. Die Havarien in Kraftwerken und Tagebauen waren zu beheben, ließen aber eine deutliche Erkenntnis zurück: Mit der Energie verbindet uns eine Nabelschnur, die verletzlich ist. Erinnerung auch an einen alten Baum, gefällt bei der Verlegung des Elsterflußlaufs im Herbst 1975. Die Jahre und Jahrzehnte zählbar zwischen den Ringen. 1855. Das war kein Jahr großer weltpolitischer Ereignisse, aber die Daten in den Geschichtsbüchern weisen sehr wohl auf das Thema Energie hin: Auf der 2. Weltausstellung in Paris wurde zum ersten Male Aluminium gezeigt, und gerade war der Wolframstahl erfunden worden. Mit Gustav Freytags »Soll und Haben«, dem programmatischen Loblied auf das deutsche Bürgertum, gab es das literarische Ereignis der Zeit, wenn man einen Bestseller dieser Art dafür hält. Über den Autor merkte Franz Mehring bekanntlich an, daß er es erstaunlich gut verstünde, »die moralische Tunke anzurühren, worin der deutsche Bourgeois allemal seinen Profit serviert zu haben wünscht«. Bis zur wissenschaftlichen Analyse ökonomischer Zusammenhänge durch Karl Marx sollten noch drei Jahre vergehen. Seine »Grundrisse der Kritik der politischen Ökonomie« hat er 1858 abgeschlossen. 1856 erfand Bessemer das nach ihm benannte Verfahren zur Stahlherstellung, nach fünf weiteren Jahren funktionierte der erste Otto-Motor. Als das Bäumchen gepflanzt wurde, war man im Begriff, das Thema Energie zum Tagesordnungspunkt eins gesellschaftlicher Diskussion zu machen. Der Aufschluß der großen Braunkohlenreviere im Leipziger Land begann um 1870, zuerst ein ganzes Stück von Leipzig entfernt, im Raum Borna—Altenburg. Eine Entwicklung in heutigen Dimensionen war damals nicht abzusehen. Zunächst stand die Industrie des Braunkohlenreviers in einem harten Konkurrenzkampf mit derjenigen, die die billigere und qualitativ bessere Steinkohle aus Böhmen, von Rhein und Ruhr und aus Schlesien bezog. Entsprechend wirkten sich wirtschaftliche Krisen für die Kumpel im Leipziger Raum oft verheerend aus; die einzige Möglichkeit zu überleben bot zumeist nur die Landwirtschaft. Immer mehr Bergarbeiter wurden gleichzeitig zu Bauern. Dadurch blieb der überwiegend ländliche Charakter der Landschaft um Leipzig erhalten, während sich die Industrievorstädte selbst in ganz kurzer Zeit nacheinander entwickelten und das berühmte Handelszentrum in eine Großstadt verwandelten. In dieser Zeit fanden auch die Gedanken des Leipziger Arztes *Dr. Daniel Schreber* begeisterte Aufnahme. Er förderte gemeinsam mit dem Pädagogen *Hauschild* eine Form aktiver Erholung, die Laubenkolonie. Sie bot sowohl Entspannung als auch einen kleinen Nebenerwerb. Als dann die ersten Gartenanlagen der Kohle weichen mußten, war das nicht weiter schlimm, denn Leipzig hatte seine grünen Lungen, vor allem den beliebtesten Teil der südlichen Aue, die *Harth*.

Wenig ist so gepriesen worden wie dieser Wald zwischen Elster und Pleiße. »Die Harth, Leipzigs Stolz und meistgewähltes Ausflugsziel«, heißt es in den »Mitteilungen des Landesvereins Sächsischer Heimatschutz« aus dem Jahre 1926, und weiter »kein Qualm, kein ohrenbetäubender Lärm belästigt hier den Erholung suchenden Menschen, … alles in allem, die Harth ist das Ideal eines natürlichen Großstadtgrünfleckens.« In den berühmten Wanderführern, von denen keiner die Harth ausläßt, erfährt man allerlei Wissenswertes. Daß die Harth 10 000 Jahre alt sei, daß es gewaltige Lößschichten gäbe, daß bronzezeitliche Hügelgräber gefunden worden seien und daß der Wald ein Heidewald, bestanden mit Lärchen, Kiefern und Birken, sei. In einem Wanderbuch aus dem Jahre 1920 findet sich eine bedenkenswerte Anmerkung: »In 40 Meter Tiefe unter der Oberfläche liegen Braunkohlenflöze. Der Gedanke ihrer Ausbeutung ist bereits erwogen worden.« Und es fehlt nicht die Warnung: »Die Bewohner Leipzigs müssen sich ihm (nämlich dem Gedanken der Ausbeutung, P. G.) aufs bestimmteste widersetzen, denn damit würde das einzige größere Nadelholzgebiet in der Nachbarschaft der Stadt verschwinden.« Noch sechs Jahre später träumen einige Autoren von einem Naturschutzpark Harth, den »keine frevle Hand berühren darf, und wenn das mächtigste Braunkohlenflöz der Erde darunter läge«. Die Warnungen erfolgten nicht ohne Grund. Schon nach 1910 gab es Gerüchte, der Kohleabbau stünde bevor. Und plötzlich begannen Grundstücksspekulationen von gewaltigem Ausmaß. Harth-Parzellen wurden in den Zeitungen angepriesen wie Waschmittel. Ebenso häuften sich die finstersten Prophezeiungen von Skeptikern und Naturfreunden. In den Folianten der Sitzungsprotokolle des Sächsischen Landtages kann man einen zeitgenössischen Vers nachlesen: »Sie ist bedroht durch schwarze Kohleschächte, / Durch hohe Schlote, die die Luft verderben, / Und balde wird, statt frischem grünem Walde / Ein gift'ger Sumpf entstehn bei düstrer Halde.« — Als sich die Gerüchte in den zwanziger Jahren weiter verdichteten und der Staat obendrein noch große Waldstücke erwarb, riefen Kleingewerbetreibende und Siedler einen Harth-Ausschuß ins Leben. Dieser kämpfte freilich einen aussichtslosen Kampf. Zur gleichen Zeit verschärfte sich die revolutionäre Nachkriegskrise; die Unzufriedenheit der Arbeiter wuchs. Der Aufschluß des Tagebaues Böhlen im Jahre 1921 bot der sächsischen Regierung die Möglichkeit, schnell Arbeitsplätze zu beschaffen und gleichzeitig das Gesicht zu wahren. Mit dem ökonomisch nutzbringenden Aufschluß von Böhlen aber waren im Grunde die Würfel über das Schicksal der Harth gefallen — sie befand sich im Aktionsradius der Bagger. Und die dort lagernden 200 Millionen Tonnen Kohle konnte man nicht außer acht lassen, wenn der Böhlener Tagebau auf lange Sicht gewinnbringend sein sollte. Bis dahin jedoch gab es, was Harth-Freunde wieder hoffnungsvoll stimmte, ein jahrelanges Gerangel um das Für und Wider des Kohleabbaus. Indes waren aus den einstigen Kämpfern für den Erhalt des Waldes erbitterte Streiter im Dienste der eigenen Konten geworden. Während sich der Tagebau von

Böhlen auf Zeschwitz, den südlichsten Grenzort der Harth, zubewegte, wurde der Verlust der südlichen Aue als unvermeidbarer Zwischenfall abgetan. Technikoptimismus und Profitsucht bestimmten die Argumentation. Was bedeutete dieser Wald gegen den größten Tagebau — er war es 1923 tatsächlich — der Welt? Der einzige Streitpunkt, der bestehen blieb, lautete: Wer soll die Harth ausbeuten? 1924 war der Wald in das Eigentum der staatlichen Aktiengesellschaft »Sächsische Werke« übergegangen, die maßgeblich am Aufschluß des Böhlener Reviers beteiligt gewesen war. Durch kräftige Dollarspritzen aus Mitteln des Dawes-Plans (man erinnert sich: auf Vorschlag des weiland Präsidenten der Central-Trust Company of Illinois in Chicago, Charles Gates Dawes, wurde Deutschland 1924 mit einer Anleihe von 800 Millionen Goldmark reparationsfähig gemacht) erhöhte sich der Markteinfluß des staatlichen Monopolunternehmens. Und dies sehr zum Ärger der Privatleute, die ebenfalls ein Geschäft mit der Kohle machen wollten. Für ihre Interessen erwies sich die enge Beziehung der Leipziger zur Harth als wirksamste Waffe. 1925 wurde ein Verein zur Erhaltung des Waldgebietes gegründet, und die Parteigänger der Deutschnationalen organisierten Massenaufläufe, bei denen die — ehrlichmeinende — Bevölkerung schwur, die Harth um jeden Preis zu verteidigen. Doch jede Art von Maschinenstürmerei erübrigte sich. Die der Abbautechnik innewohnende Logik machte ein Vorgehen der Bagger auf der Linie Böhlen — Zwenkau notwendig, und das bedeutete, daß die Harth zunächst nicht angetastet wurde. Der zweite Weltkrieg vereitelte dann alle weiteren Pläne. Als der Kriegswahnsinn beendet war, bot die Harth für viele Landwirte, die um ihre Existenzgrundlage gebracht worden waren, die Chance eines Neubeginns. Mehr als 800 Jahre nach den ersten Rodungen wurden wieder Wälder in Äcker verwandelt. Gleichzeitig gewann man Brenn- und Bauholz, wahre Schätze in jenen Tagen. Das Argument, daß die Harth in ein Naturschutzgebiet verwandelt werden müsse, verlor jeden Sinn. In den ersten Nachkriegsjahren wurden zwei Drittel des Waldes — ganz ohne Zutun der Braunkohlenindustrie — vernichtet. Der Weg für die Kohle war frei, mußte frei sein, denn die neu gegründete, rohstoffarme DDR brauchte sie dringend. Am 13. Januar 1957 wurde die Eisenbahnverbindung Zwenkau — Gaschwitz zum letzten Male befahren, ohne die einst kein Ausflug in den Süden Leipzigs denkbar war, wie in Krausens »Leipziger Lehrausflügen« nachzulesen ist. Nachsatz nach dreißig Jahren: Seit 1976 wird im ehemaligen Harthgebiet wieder aufgeforstet.

Der Kohleförderung mußten 1972 auch die beiden nördlichsten Orte der Harth, Zöbiger und Prödel, weichen. *Zöbiger* gehörte ab 1714 der *Familie Kees* und war, wie viele Güter im Vorfeld der Handelsmetropole, ein Wohnsitz von Geldaristokraten. Und vom Geldverdienen mußte man sich ausruhen, denn man verdiente schwer, will sagen: viel. Die Familie Kees machte Bank- und Postgeschäfte, und sie machte öffentliche Meinung als Pächter der Leipziger Zeitung. Ihr schönes Barockschloß ist heute noch zu besichtigen. Allerdings umgeben es heute nicht mehr wie vor 250 Jahren Wassergräben, sondern Tagebaue. Der Park, nach Plänen von August Gabriel Graf — barocke und holländische Stilelemente verbindend — angelegt, befand sich schon unter den einstigen Besitzern in einem beklagenswerten Zustand. Das nicht etwa, weil man inzwischen verarmt gewesen wäre, sondern weil die Familie an den Bodenspekulationen rund um die Kohle beteiligt war. Man hatte das gesamte Grundstück längst an die »Sächsischen Werke« verkauft und wartete in Ruhe das Herannahen der Bagger ab. Die letzten Reste des *Landhauses Prödel* — drei Rokoko-Figuren — hatten eine Zeitlang im Leipziger Stadtzentrum, am Sachsenplatz, Aufstellung gefunden. Sie sind heute, der Luftverschmutzung wegen, im Museum zu besichtigen. Ein ungefähres Bild des Parkes von Prödel kann man sich verschaffen, wenn man das *Agra-Gelände* besucht. Diese Anlage wurde schon immer wegen ihrer Weitläufigkeit gerühmt und ist jetzt als Parkanlage ein beliebtes Ausflugsziel der Messestädter. Zwischen Blumenbeeten, Kanälen, einem pseudo-dorischen Tempel und einem Restaurant hat sich hier ein vehementer Kleintourismus entwickelt. Die neue Schnellstraße von Leipzig nach Rötha führt an der gesamten Anlage vorbei und erlaubt, sofern man sich nicht auf den Verkehr konzentrieren muß, die raffiniertesten Einblicke. Die geruhsame alte Landstraße ist vom Tagebau Störmtal, der seine Erweiterung im Gegen-Uhrzeigersinn auf Leipzig zu ausführt, weggegraben worden.

Die Folgen des Kohleabbaus sind gravierend und offensichtlich. Dabei macht er im Bezirk Leipzig im Vergleich zur gesamten DDR nur ein Viertel aus. Mag man über landschaftliche Verluste räsonieren oder nicht: »Die Kohle« sitzt einem in Leipzig überall im Nacken, und sie wird gebraucht. Im Alltagsbewußtsein des Konsumenten allerdings hatte sie über viele Jahre einen minderen Stellenwert, war im besten Falle noch dazu geeignet, Kachelöfen zu heizen. Und schließlich waren die Nachrichten von ständigen Ölfunden, von unendlichem Reichtum der Vorkommen durchaus ermutigend. Erdöl wurde eine Art Zauberformel. Die Energiepolitik in unserem Land hat sich indessen — der Braunkohle sei's gedankt — nicht von Wunderkräften leiten lassen. Schließlich gab auch die Entwicklung der Weltmarktpreise für Steinkohle, Erdgas und Erdöl (der Erdölpreis hat sich in den letzten zehn Jahren verzwanzigfacht) dem Kohle- und Energieprogramm von 1957 und seinen Modifizierungen von 1966 recht. Schon in einem Nachschlagewerk aus dem Jahre 1966, der »Ökonomischen Geografie der Montanindustrie der Deutschen Demokratischen Republik«, lassen sich folgende bedenkenswerte Sätze nachlesen: »Es wird an eine maximale Förderhöhe von 350 Millionen Tonnen im Jahr gedacht, bei der die Braunkohlenreserven ausreichen würden, bis in der Energiewirtschaft der Republik neue Energiequellen, d.h. vor allem die Atomenergie, die Kohlegrundlage wirtschaftlich abzulösen in der Lage sind … Durch die Veredelungsproduktion wird der Nutzeffekt der Kohle — gegenüber der direkten Verfeuerung der Rohkohle — beträchtlich gesteigert, d. h. mittels der Veredelung kann die Verwertung der Braunkohlenvorräte wirtschaftlich rationeller gestaltet werden.« Mit Beginn der siebziger Jahre hat sich diese Strategie auch im allgemeinen Bewußtsein mehr und mehr durchgesetzt. 21 Milliarden Tonnen abbaufähiger Kohle (die Gesamtmenge ist doppelt so groß) stehen uns auf dem Gebiet der DDR zur Verfügung; aus gegenwärtiger Sicht müssen pro Jahr mindestens 300 Millionen Tonnen abgebaut werden. Die Rechnung ergibt bis über das Jahr 2050 hinaus eine kontinuierliche Sicherheit dieser Rohstoffgrundlage. Das ist beruhigend, aber kein Grund, sich auf dem Kohlepolster auszuruhen, zumal die Erschließung neuer Energien mit gewaltigen Aufwendungen verbunden ist. Das bedeutet auch — besonders wenn man bedenkt, daß jetzt 38 Prozent der Rohbraunkohlenförderung in die Energiegewinnung fließen, und 1990 werden es 50 Prozent sein —, daß der chemischen Veredelung der Kohle zu Bitumen, Hartparaffin, Azetylen, Aromaten, Methanol, Phenolen, Ammoniak, Koksen und vielem mehr besonderes Interesse gelten muß. Gegenwärtig werden durch die Karbochemie sieben Millionen Tonnen Erdöl eingespart, 1990 sollen es elf Millionen Tonnen sein. Trotz allen notwendigen Aufwands bleibt, gemessen am Weltmarktpreis für Öl, der Einsatz von Kohle wesentlich billiger.

Wo es sich irgend machen läßt, Energie aus anderen Quellen zu gewinnen und die Kohle der Veredelung zuzuführen, wird kein Aufwand gescheut. Dazu ein Ortswechsel nach Markersbach im Kreis Schwarzenberg, zum ersten Kavernen-(= Höhlen-) Kraftwerk in unserem Lande. Aus dem künstlichen See der angestauten Mittweida am Fuße des 800 Meter hohen Hundsmarter im oberen Erzgebirge wird das Wasser per Rohrleitungen im Berg in einen zweiten künstlichen See auf dem Massiv gepumpt. Bei Bedarf stürzt das Wasser dann aus 300 Meter Höhe auf die sechs Turbinen in einer eigens angelegten Berghöhle, in der immerhin ein beachtliches Hochhaus von zwölf Etagen Platz hätte. Äußerlich sichtbar sind zwei attraktive Seen; der wirtschaftliche Effekt des gewaltigen Aufwands ist mit 1 050 Megawatt zu veranschlagen. Eine unwägbare Größe bleibt bei all den Mühen um den Rohstoff Kohle die Haltung der Verbraucher, die unabhängig von Erfindergeist und Energiekommissionen Strom konsumieren, ihre Haltung, mit der sie den Lichtschalter — auch im übertragenen Sinne — betätigen. Darin zeigt sich, ob sie Verständnis für eine Problemsituation haben und ihre Achtung für die Kumpels, die sich im Winter bei 20 Grad minus durch den gefrorenen Tagebaumorast kämpfen, Weichenanlagen in Betrieb halten und die bis zu 60 Prozent wasserhaltige Kohle aus den Waggons meißeln. — Das Wort »Renaissance der Kohle« liegt nahe, müßte dann aber richtiger mit »Neubewertung« übersetzt werden. Denn die Kohle ist niemals ganz aus dem gesellschaftlichen Bewußtsein geschwunden, schon gar nicht aus der ökonomischen Realität. Ihre Nutzung aber wird gründlicher und verantwortungsvoller überdacht; ihre Wertschätzung war nie größer als heute.

Im Süden Leipzigs, auf dem Weg nach *Espenhain*, finden sich zunächst Bilder von größter Anmut. In *Markkleeberg* beginnt der vorstädtische Raum. Hier liegen die Häuser der ehedem betuchten Leipziger, Gründerzeitpalais mit Türmchen und Auffahrten. Danach beginnt unvermittelt die neue Hochstraße. Keine Ortsdurchfahrten mehr, kein Federvieh auf den Straßen, nicht der charakteristische Dorfgeruch. Es ist eine Straße auf dem Kamm von Tagebauen. Die Autofahrer beschleunigen: Hier will man möglichst schnell hindurch. Was macht die Gegend ungeliebt, was fehlt? Vielleicht weicht der Anblick zu stark von den gewohnten und gewünschten Bildern ab, weicht ab vom Traum, in dem eine sonnige Landschaft zwischen sanften Hügeln und spiegelnden Flüssen vorkommt. Tatsächlich, Tagebaue widersprechen jeder Idealvorstellung von Landschaft, die noch immer von klassischen Harmonievorstellungen geprägt ist und nicht, was in unserer Zeit nahe läge, von technischen Superlativen. Der Gegensatz zwischen dem Interesse für imposante Daten in den Statistiken und der Situation vor Ort ist augenfällig. Hilfreich, möglicherweise, kann da die Begeisterung des Kösener Salinen-Inspektors *Novalis* für die bizarren Wunder im Inneren der Berge sein, die er in seinem »Heinrich von Ofterdingen« mitteilt: »Wie klein ist der Raum, den ich durchwandert bin, und welche mächtigen Vorräte habe ich nicht gleich auf den ersten Blick gefunden, deren Nutzung der Nachwelt überlassen bleibt ...« Novalis' Bergwelt ist weder gespenstisch noch geheimnisvoll, es ist die wunderbare Faszination, die aus Kenntnis und engem Kontakt entsteht. An anderer Stelle heißt es: »... und voll stiller Andacht stand ich bald auf einem solchen Haufen, den man Halde nennt ...« Es macht Spaß, jenseits von philologischer Ernsthaftigkeit mit dem Gedanken zu spielen, daß Novalis in seinen Schilderungen des Bergbaus in Eula jenen Ort gemeint haben könnte, der einen Steinwurf von Borna entfernt liegt.

Der Raum zwischen Leipzig, Markkleeberg und Espenhain — man kann versuchen, die Bagger zu übersehen, man kann auch versuchen, sich von den Spuren der Technik beeindrucken zu lassen. Von den Facetten, die der Schaufelradbagger in der meterhohen Lehmschicht des Deckgebirges hinterläßt und die je nach Sonnenstand in wechselnden Farben spielen. Oder von den weiten Flächen der Abraumhalden, die im Winter einer endlosen Schneewüste gleichen, in der es nicht die kleinste Unebenheit gibt. Im Sommer aber blickt man nach dem Durchqueren des Gebietes zurück auf eine wellige Fläche, scheinbar von ständigen Böen in lange Furchen aneinandergedrückt. Man ist nur zu schnell bereit, die Kohlelandschaften als Mondoberfläche, als kalte Krater zu beschreiben. Tatsächlich aber sind sie uns nahe, da sie fast symbolhaft für die Geschwindigkeit und die Dimension stehen, in der heute Veränderungen vor sich gehen. Hier ist Materie in Größenordnungen geformt und umgeformt, die, drückte man sie in Zahlen aus, völlig unvorstellbar blieben.

Ein *Tagebau* verändert in vierundzwanzig Stunden mehr Landschaft, als in Jahrzehnten wachsen kann. Der Traum von abstrakter Schönheit läßt den Betrachter in dieser Landschaft hilflos zurück. Sicher, man kann es sich einfach machen, um der Tagebaulandschaft etwas Erfreuliches abzugewinnen. Es genügt ein Blick auf die frühgotische Dorfkirche von Eula (nun doch), deren Turm mit den gewaltigen Hyperboloiden des Kraftwerkes Thierbach kontrastiert, Baukunst zwischen fünf Jahrhunderten und wieder die Frage, wovon die größere Faszination ausgeht. Das alte Bauwerk scheint bereits ein Stück Natur geworden zu sein, das neue wirkt, als wollte es die geringere Dauer in der Zeit durch Größe wettmachen. Es ist der Konflikt, der überall im Braunkohlenrevier ausgetragen wird. Man begegnet ihm wieder im Revier Borna-Ost bei Neukirchen. Die alte Brikettfabrik aus Backstein — hier werden noch immer die berühmten Record-Briketts gepreßt — könnte nach den Bauanleitungen eines Ankersteinbaukastens errichtet worden sein. Inmitten der umgebenden Industrie nimmt sich das betagte Gemäuer mit seiner Rauchfahne fast niedlich aus. Gewiß, Schönheiten dieser Art verlangen einen besonderen Blick, verlangen ein Zugehörigkeitsgefühl.

Die Tagebaulandschaften leben unruhig und wild, und ihre Schönheiten erwachsen zuerst aus menschlichem Handeln. Der Tag, an dem die Kohlebrocken auf ein Förderband fallen, ist fast schon der Endpunkt einer äußerst bewegten Vorgeschichte. So riesig und beeindruckend all das ist, was man in einem Tagebau zu sehen bekommt, so aufwendig sind auch die Vorbereitungen. Scharen von Geologen erkunden die Biografie eines Kohleflözes, blättern in einer Art »Kaderakte«, die allerdings in keinem verstaubten Archiv liegt, sondern unter der Erdoberfläche. Umfang des Kohlevorkommens und dessen Qualität, Zusammensetzung des Deckgebirges und anfallende Wasser sind die wichtigsten Punkte einer endlos langen Check-Liste. Die Planung aller Vorhaben dieser Art geschieht in einem Büro für Bergbauangelegenheiten, doch die Grundinformationen machen nur eine Seite der Erkundungen aus. Denn es muß gerechnet werden: Lohnt sich der Aufwand? Was kostet der Abbruch vorhandener Ortschaften, was die Rekultivierung der ausgekohlten Landschaft? Stehen die Investitionen überhaupt in einem vernünftigen Verhältnis zur späteren Rohstoff- und Energieausbeute? Daß es sich noch immer lohnt und auf lange Sicht noch lohnen wird, zeigen immer neue Aufschlüsse im Bezirk Leipzig. Cospuden und Bockwitz sind Ortsnamen, die man sich für den Süden von Leipzig merken muß. Im Norden folgen Breitenfeld und Rösa. Pläne bis zum Jahr 2030. Am Ende der Aufwand-Nutzen-Diskussion steht die endgültige Entscheidung der staatlichen Organe. Fällt sie positiv aus, beginnt die — möglichst störungsfreie — Realisierung aller weise ausgedachten Vorbereitungsmaßnahmen. Hierbei zuerst: ein Dekret. Es ist die Deklarierung des betroffenen Landstrichs zum *Bergbauschutzgebiet*. Mit der Veröffentlichung dieser Entscheidung werden menschliche Schicksale unausweichlich betroffen. Der Bau eines eigenen Hauses in diesem Raum wird sinnlos, schon Gebautes steht auf Zeit. Ein unsichtbares Uhrwerk hat zu ticken begonnen. Wo je Kohle gefunden worden ist, kennen die Menschen diese Uhr. Sie leben mit ihr und hören ihren Lauf schon lange, bevor die ersten offiziellen Gespräche geführt werden. Diese wiederum sind von besonderem Gewicht, beziehen sie doch Menschen mit jeweils ganz speziellen Sorgen und Wünschen ein. Die Notwendigkeit des Abbruchs wird dargestellt, über den künftigen Wohnraum wird beraten. Bei diesen Gesprächen wird mancher nur mit halbem Ohr zuhören, während der Nachtschicht auf der Förderbrücke oder in der Schwelerei war nicht die Zeit dazu, über das, was seit Jahren im Unterbewußtsein spukte und immer wieder verdrängt wurde, nachzudenken. Jetzt ist der Moment für ein bißchen Wehmut, man hängt ihr nach, sie ist echt. Später werden die Gedanken auf andere Dinge gerichtet sein. Dann sind viele von denen, die hier weggehen müssen, dabei, wenn es gilt, Straßen und Schienen zu verlegen, neue Flußbetten zu graben oder die Energiezufuhr für den neuen Tagebau zu sichern. Zwischen den ersten Gesprächen mit den Bürgern und dem finis terrae, also der Aussiedelung, liegen je nach Größe der Ortsverlegung zwischen drei und fünf Jahre. Der alte russische Brauch, sich vor dem Abschied noch einmal still neben die gepackten Koffer zu setzen, dauert hier länger als zwei Minuten.

Nach all dem bleibt nur noch ein wichtiger Vorbereitungspunkt, die *Entwässerung*. Im Gebiet eines Tagebaues wird der gesamte Grundwasserspiegel abgesenkt. Das hat natürlich Folgen. Die Trinkwasserversorgung für das gesamte Einzugsgebiet muß neu geregelt werden: Die Landwirtschaft, die ihre kleiner gewordenen Flächen nun intensiver nutzen muß, wird mit Wasser aus Restlöchern zur künstlichen Bewässerung versorgt.

Die genialste, doch teuerste Lösung für das Entwässerungsproblem liefern Spundwände. Um einen Tagebau herum wird eine tiefe Rinne gefräst, die man mit einer wasserundurchlässigen Masse ausfüllt. So entsteht eine beachtliche unterirdische Staumauer, die den Wassereintritt von außen in die Grube verhindert und die Wassermenge im Schacht überschaubar hält. Allgemein hat sich heute die Entwässerung mittels Pumpen in Tiefbrunnen durchgesetzt. So einfach freilich, wie sich die Darstellung des Entwässerungsvorgangs anhört, ist er nicht. Die Wahl des Brunnentyps, die Frage, wann und wie lange entwässert werden muß, ist eine Wissenschaft für sich. In den Wintern, in denen ganze Tagebaue gefrieren, deutet sich das Problem an. Die Hauptsache, die Kohle selbst, kommt zum Schluß. Bevor man ihrer habhaft wird, muß eine Unmenge Abraum bewältigt werden. Auf eine Tonne Kohle kommen heute 4,5 Tonnen Abraum, bei Neuaufschlüssen in der Zukunft wird man mit 6 und 10 Tonnen Abraum rechnen müssen.

Und ist ein Kohleflöz erschöpft, setzt die auch ihrerseits wieder gewaltig dimensionierte Wiederurbarmachung ein. Wälder, Badeseen und Ackerflächen müssen geplant und sinnvoll, das heißt optimal, verteilt werden. Besondere Aufmerksamkeit gilt dabei den Gebieten um die großen Ballungszentren — Leipzig ist eines davon. Frühere Gruben werden zum Mittelpunkt von Naherholungszentren oder dienen als Wasserreservoire und können so landschaftliche Attraktivität erhöhen. In diesen Größenordnungen müssen Zufälligkeiten ausgeschlossen werden, denn die Menschen melden mit Bestimmtheit ihre Forderungen an.

Braunkohlenabbau — es ist offensichtlich — bedeutet immer auch Kreislauf: Eine Landschaft wird betroffen, genutzt und in völlig veränderter Gestalt hinterlassen. Das Unterste wird, mit Ausnahme des Kulturbodens, den raffinierte Technik am Schluß wieder oben erscheinen läßt, an die Oberfläche gekehrt. In diesem Kreislauf spielt der Mensch die wichtigste Rolle, unterstützt von seiner beeindrukkenden Maschinerie. Die Förderbrücke von Espenhain, sie ist mit einer variablen Länge von 545 bis 582 Metern die größte der Welt, sieht aus wie ein Rieseninsekt oder ein umgekippter Eiffelturm. Ein Brontosaurus würde sich daneben wie ein Baby ausnehmen. Aber alle Vergleiche dieser Art wollen so recht nicht glücken. Die Anlagen haben eine eigene Ästhetik, die fremder Attribute nicht bedarf. Der Aufwand erklärt sich aus der Bodenstruktur. Im besten Falle liegen in einer Schichtung Ton, Kies, Lehm, Sand und − Kohle. Doch so einfach ist es selten. Mit Vorliebe haben es die Erdbewegungen in grauer Vorzeit so eingerichtet, daß die einzelnen Schichten gefaltet sind und zum Teil tückisch durcheinanderlaufen. Entsprechend mühevoll wird der Abbau, zumal Kohleflöze der gleichen Lagerstätte in verschiedenen Tiefen liegen können.

Die *Förderbrücke* als Kernstück des Tagebaues agiert in diesem Wirrwarr von technischem Gerät, unterstützt von Baggern, die für die Kleinarbeit zuständig sind. Auch sie: technische Wunderwerke. Wie es sich gehört, hat jeder Bagger seinen Namen, den er der entsprechenden Abbaumethode verdankt. *Eimerkettenbagger* (sie gab es schon am Ende des vorigen Jahrhunderts), *Löffelbagger*, *Schaufelradbagger* und *Zugseilbagger* sind Begriffe, die heutzutage zur Schulbuchweisheit gehören. Als man es technisch noch nicht besser vermochte, wurden sie nach jedem Gebrauch, sprich: nach jeder Auskohlung, wie es im Fachjargon heißt, Strebe für Strebe, Niet für Niet zerlegt, an den neuen Bestimmungsort gebracht und dort wieder montiert. Heute wandern die Stahlriesen komplett von Grube zu Grube, allerdings muß angemerkt werden, daß sich die Größenverhältnisse beachtlich verändert haben. Früher faßte ein Schürfeimer ungefähr 100 Liter und kam damit auf eine Stundenleistung von 90 Kubikmetern. Inzwischen hat sich das Eimervolumen verdreißigfacht, die Stundenleistung stieg um das Tausendfache. Auf ihren Wanderungen, die Scharen von Schaulustigen, Presse und Fernsehen anziehen, überwinden die Bagger Flüsse und Autobahnen. Und dennoch: Diese Riesen nehmen sich in der Nachbarschaft einer Förderbrücke klein aus. Beschreibungen fallen schwer. Neben Größe und Leistung besonders erstaunlich: die Beweglichkeit dieser Aggregate. Sie gründet sich auf lose verlegte Schienen, die sich den gewaltigen Belastungen und unterschiedlichen Bodensituationen anpassen können. Entscheidend ist der Augenblick, in dem die Förderbrücke in den Tagebau eingefahren wird. Zu diesem Zweck legt man an der Grubenböschung, wo der Aufschluß beginnen soll, mehrere Rampen an. Vorher haben bereits Bagger einen Teil des Deckgebirges abgetragen, um für die Türme der Förderbrücke einen festen Standort zu schaffen. Es folgt ein kolossaler Balanceakt. 550 Meter Stahlkonstruktion ruhen auf zwei beweglichen Türmen, 550 Meter Stahlkonstruktion bewegen sich langsam, aber unaufhaltsam längs der Abbauwand und bringen täglich nicht weniger als 27 000 Kubikmeter Abraum zur Halde, genug also, um Tag für Tag 1 350 Eisenbahnwaggons zu füllen. Sicher hat man auch ausgerechnet, wie viele Bergleute nötig wären, um die gleiche Leistung zu vollbringen, auch diese Zahl dürfte gigantisch sein. Die Förderbrücke aber wird nur von einem Mann gesteuert, der, versteckt in einem der Stahltürme, seine Schaltwarte bedient. Neben der Brücke wieder die Bagger, die Haupt- und Oberflöz abtragen, dazwischen Schienen gleich Myriaden von Schlangen, die unter den pausenlos rollenden Zügen im Takt der Waggons tänzeln. Die Braunkohlenwelt ist trotz ihrer gewaltigen Ausmaße ein hochempfindlicher Organismus: Schon jeder Regen, jeder Sturm kann unvorhergesehene Folgen haben; überall lauert der Teufel im Detail. Wenn auch an sonnigen Tagen die Technik beeindruckend im Licht glänzt, müssen die stets gegenwärtigen Gefahren doch einkalkuliert werden, auch wenn die Schicht läuft.

Kohle hat eine Vergangenheit. Relativ exakt kann heute bestimmt werden, wann im subtropischen Sumpfwald Oleander- und Mammutbäume gewachsen sind. Das war vor 60 Millionen Jahren. Auch Zeugnisse frühen menschlichen Lebens sind sogar im Tagebau Espenhain gefunden worden. Sie sind 280 000 Jahre alt, also der Eiszeit zugehörig. Das alles vor unserer Zeitrechnung, aber untrennbar mit der Biografie dieser Landschaft verbunden. Sofern mit Urkunden belegbar, gab es die erste Braunkohlengrube im Jahre 1672. Der Altenburger Stadtphysikus Dr. Matthias Zacharias Pilling hat sie bei Meuselwitz betrieben.

Dann wieder ein Zeitsprung, wir schreiben das Jahr 1739. Ein Militär, seines Zeichens Major und Lorenz mit Namen, grub Kohle bei Altenburg. Währenddessen entstanden auch kleine, unbedeutende Kohlelöcher. Sie gehörten Bauern, die im Winter, wenn die Feldarbeit ruhte, nach »brennbarer Erde« suchten. Sie war ihr karges Zubrot und vor allem — sie war billiger als Holz.

Nach weiteren 170 Jahren, im ersten Dezennium unseres Jahrhunderts, wurden bei Borna acht Tagebaue aufgeschlossen. Meuselwitz, Altenburg und Borna, drei Orte mit unterschiedlicher Geschichte, haben eine Gemeinsamkeit: sie beschreiben die südliche Grenze des Kohlegebietes im Leipziger Raum.

Das Meuselwitzer Revier förderte im Jahre 1910 in 84 Gruben mehr als 6,5 Millionen Tonnen Kohle; 19 Jahre später weist die Statistik für die 30 Gruben im Revier Borna eine Jahresförderleistung von 21 Millionen Tonnen aus. — Dann schoben sich die Tagebaue immer dichter an Leipzig heran: Böhlen ab 1923 — stolz verweisen die Chronisten auf den Einsatz der ersten Förderbrücke im Jahre 1930 —, Zechau, Zipsendorf, Ruppersdorf, Haselbach, Neukirchen, Schleenhain, Deutzen, Witznitz, Kulkwitz, Espenhain. Gleichzeitig entstanden Kraftwerke, Brikettfabriken, Schwelereien, Teerverarbeitungswerke, Schwefelgewinnungsanlagen, Gas- und Hydrierwerke. Die Fabriken und Tagebaue haben das Gesicht der Landschaft unverwechselbar geprägt. Auch für die Zukunft. Neue Namen und Bezeichnungen werden hinzukommen, manch alte sind nur noch in Chroniken zu finden oder bereits ganz vergessen. Inzwischen hat die Kohle die Stadtgrenze von Leipzig im Süden erreicht; im Norden bereitet sich ein ähnlicher Ablauf vor. Allein, die Entwicklung dauert nicht mehr Jahrhunderte, sondern bestenfalls zwanzig Jahre. Delitzsch ist im Aufbruch, und die Ost-West-Autobahn — nur entlang dieser Achse hat die Stadt Spielraum für ihre Entwicklung — wird vielleicht zur südlichen Grenze der Aufschlüsse. Ein Stück von ihr befindet sich allerdings schon im Visier der Planer.

Die Uhr tickt.

Fakten sprechen eine unmißverständliche Sprache. Leipzigs Lage ist exponiert auf drei Seiten von der Kohleförderung umgeben: vom Dreieck der südlichen Gruben mit der Stoßspitze Zwenkau, vom Tagebau Profen im Südwesten, von Delitzsch und Breitenfeld im Norden. Die vierte Himmelsrichtung weist bescheidenere Reichtümer auf. Aber Gruben auch hier: Kies, Sand und Granit werden abgebaut.

Erstaunlich ist, wie sich die Menschen im Kohlerevier eingerichtet haben. Im Zentrum liegt Leipzig, von da aus führen fünf wichtige Verkehrslinien in alle Richtungen. Dazwischen bleibt, speziell im Süden, nicht viel. Die Förderbrücken beschreiben trotz ihres geringen „Wenderadius" so große fächerförmige Bögen, daß faktisch die ganze Landschaft betroffen ist. Die dennoch verbleibenden Inseln haben ihre bescheidenen kulturgeschichtlichen Denkmale. Rötha, knapp der Kohle entronnen; seine Silhouette wird von den Kirchen St. Georg und St. Marien bestimmt. Romanisch der Stil der einen, gotisch der der anderen. In beiden Kirchen befindet sich eine Orgel von Gottfried Silbermann. Zwenkau hat seine Kirche St. Laurentius, ein bißchen gotisch, ein bißchen barock. Der Stil der Böhlener Kirche ist undefinierbar; das alte Gutsgebäude war einst barock, wurde dann stillos umgebaut. Karge Sehenswürdigkeiten in karger Landschaft. Das Herz derer, die hier leben, hängt trotzdem daran. Die Vorgärten sind mit viel Liebe angelegt. Keiner will sich durch sie darstellen. Dem Wunsch, trotz der Nähe des Tagebaus einen Rosenstock oder ein Asternbeet zu haben, wird manche Stunde des Feierabends geopfert. Wer einmal die Strecke befährt, die täglich von den Kumpels zurückgelegt wird, begreift: Der Weg von und zur Arbeit bietet das gleiche Bild wie der Arbeitsplatz selbst. Überlegungen zur Verbesserung der Arbeitskultur haben hier noch einen großen Spielraum. Trotzdem brauchen die, die bleiben, kein Mitleid: Sie haben eine ganz persönliche, enge Beziehung zu ihrer Umwelt, ihrem Haus, ihren kulturellen Zentren entwickelt. Die Gastspiele im Kulturpalast Böhlen werden mit Interesse besucht, die Arbeitsgemeinschaften sind keine Beschäftigungstherapie, sondern Bedürfnis. Oft stellen die malenden Arbeiter in den Wandelgängen des Kulturpalastes aus. Und auch hier wieder: Die Bilder zeigen, kenntnisreich und liebevoll, eine karge Landschaft. Sie entsprechen ihr zuweilen mehr als die großen Auftragswerke, die in den Speisesälen der umliegenden Betriebe Optimismus verbreiten. Engagierte Beteiligung am kulturellen Leben an einem Ort zu finden, wo man dies kaum vermutet, berührt besonders. Am Feierabend einkaufen, versorgen der Familie und wieder zum Bus, der den gleichen Weg wie am Morgen nimmt, nun zum Kulturhaus. Die Intensität des Lebens hier mag mit der Schnellebigkeit der Landschaft zusammenhängen. Für viele, die sich so engagiert im Alltag bewegen, wird ihre Heimat, das Kohlerevier, bald nur noch Arbeitsplatz sein. Sie wissen es, hören die Uhr ticken.

Erinnerung an *Magdeborn*, dem damals die größten Ortsverlegungsmaßnahmen in unserem Lande galten, durch eine Notiz in der »Leipziger Volkszeitung« vom 17./ 18. April 1982: »Die Eimerketten der Bagger des Förderbrückenverbandes im Tagebau Espenhain haben die Ortslage Magdeborn erreicht. Die Förderbrücke schwenkt in ihr sogenanntes ›Ostfeld‹ ein. Dort liegen viele Millionen Tonnen Kohle für unsere Volkswirtschaft ... Die Ergebnisse zeigen, daß die im Westfeld vorhandenen Flöze sich in gleicher Anzahl und Mächtigkeit weiter nach Osten verbreiten — eine entscheidende Grundlage für die konsequente Weiterführung des Tagebaues ... Schon aus diesen einfachen Tatsachen ist ersichtlich, daß alle Parolen, unter Magdeborn liege keine Kohle, keinerlei Grundlage haben ...« — Die Ortsverlegung von Magdeborn war wegen ihres Umfangs ein spektakuläres Ereignis. Alle größeren Zeitungen und Zeitschriften haben darüber berichtet, ausführliche Fotoserien liegen vor. Seit 1977 wurde das Vorfeld in diesem Gebiet freigemacht. Die alte Landstraße F 95 von Wachau über Magdeborn nach Espenhain gab es schon 1980 nicht mehr. Der Weg in das Niemandsland führte nur noch über Großdeuben und Rötha.

Auch Großdeuben, südlich von Markkleeberg gelegen, traf das Schicksal der Ortsverlegung. 1963 waren die letzten der 373 Familien weggezogen, sieben Jahre hatte damals das gesamte Umsiedlungsprogramm gedauert. Großdeuben war auch der Ort eines aufsehenerregenden Experimentes. Zum ersten Male hatte man in der DDR hier versucht, ein Vier-Familien-Haus komplett an eine andere Stelle zu rollen. Dabei waren 600 Tonnen Last zu bewältigen. Mit 15 Öldruckpressen wurde das Haus angehoben und auf mächtigen Stahlträgern über vorher verlegte Gleise 200 Meter von West nach Ost und dann noch 40 Meter in südliche Richtung verschoben. Es war klar: Auf diese Weise ließen sich nicht ganze Dörfer verlagern. Der Versuch blieb ein einmaliges Unternehmen. Das Haus aber gibt es noch; es ist eines der wenigen, die von Großdeuben heute noch stehen. Doch bei Magdeborn mußte in anderen Dimensionen gedacht werden. 250 Millionen Tonnen Kohle werden im aufgeschlossenen Tagebau erwartet, die Fördermenge am Tag: 40 000 Tonnen. Das würde ausreichen, um fast 7 000 Haushalte ein Jahr lang mit Briketts zu versorgen.

1968 hatte man hier noch das tausendjährige Magdeborn mit großem Aufwand gefeiert. Die sieben Göseldörfer — Magdeborn, Göhren, Sestewitz, Deiheritz, Kötzschwitz, Gruna und Göltzschen — waren prachtvoll herausgeputzt worden. Göseldörfer nannte man die Orte, weil sie am Göselbach lagen. Und der war, da ihn das Kombinat Espenhain mit seinen Abwässern vollpumpte, einer der Hauptverschmutzer der Pleiße. Inzwischen hat das Kombinat große Anstrengungen unternommen, um die Abwässer zu klären. Doch das Jubiläum im Jahre 1968 war schon von anderen Ereignissen überschattet. Denn es hatte sich herumgesprochen, daß im kommenden Jahr der erste Ortsteil, Gestewitz, abgebaggert werden würde. Wen konnte da noch interessieren, daß, wie die Festschrift mitteilte, Magdeborn einmal Medeburu geheißen hatte und als Kastell von Otto I. an den Bischof von Merseburg verschenkt worden war? 1971 lag der staatliche Beschluß, den gesamten Ortsverband betreffend, unwiderruflich vor. 3 500 Einwohner, 1 210 Familien und 750 Hektar landwirtschaftliche Nutzfläche waren betroffen. Mit dem Tag der Dekretierung setzte, das ist üblich, sofort eine Zuzugssperre ein. Was der Ortsverlegungskommission (diese Gremien arbeiten heute nicht mehr unter der Leitung der Braunkohlenwerke, sondern unter der der Räte der Kreise) anfangs als Hauptproblem erschien, nämlich die Menschen auf die Vorhaben einzustimmen, erwies sich als weniger kompliziert. Denn die meisten waren hier aufgewachsen, hatten 60 Jahre und mehr in Magdeborn gelebt, aber eben nicht schlechthin nur in Magdeborn, sondern im Kohlerevier. Das Verständnis war, bei aller individuellen Problematik, oft schneller vorhanden als die neue Wohnung. Rege Diskussionen gab es natürlich auch, waren die Wohnungen erst einmal zugewiesen, um die Mieten — und das trotz des Komforts. Über die Startschwierigkeiten im neuen Zuhause halfen Abfindungssummen und die Umzugspauschale hinweg. Erstere richten sich nach dem Wert des Grundstücks, die Pauschale beträgt für jeden 2-Personenhaushalt 200 Mark und für jede weitere Person in der Familie 100 Mark. Sieht man von den Alteingesessenen ab, die mit ganzem Herzen an ihrer Heimat hingen und verständlicherweise der vertrauten Umgebung mit Wehmut adieu sagten, hatten viele Jugendliche die Zeichen der Zeit schneller erkannt. Zwar gab es ein strenges, sprich: absolutes Zuzugsverbot, das aber galt nicht für Jungvermählte, die noch bei den Eltern wohnten.

Wer in Leipzig oder Borna nach Jahr und Tag noch immer keine Wohnung bekommen hatte, dem bot sich nun eine, wenn auch illegale Chance. Die jungen Eheleute zogen natürlich nach Magdeborn und versuchten, ihr Problem so zu lösen. Bürokratische Kleinlichkeit jedenfalls konnte niemandem nachgesagt werden, wiewohl nicht nur Wohnungsfragen zu klären waren.

Der Tagebau trennt eine Gemeinschaft, in der einer den anderen kennt. Im günstigsten Falle werden derartige Verbindungen in manchem Arbeitskollektiv weiterbestehen. Die Stätten der traditionellen Kommunikation sind nicht ohne weiteres ersetzbar. Dazu gehörten auch in Magdeborn die Kramläden, die Bäckereien, das kleine Kino und die vier Kneipen, von denen eine der »Wilde Mann« hieß, landläufig aber nur »Fuchsbau« — nach den roten Haaren der Wirtin — genannt wurde. In einem Wohnblock von Leipzig-Grünau wohnen 24 Magdeborner Familien, aber das ist ein seltener Glücksumstand. Die Bevölkerung verließ Magdeborn in mehreren Etappen. 1976 waren es 127 Familien, im Jahr darauf 350, 1978 schließlich 700. Die Möbelwagen rollten vornehmlich in die Neubauviertel von Leipzig, nach Grünau, Schönefeld, Mokkau und Thekla. Einige Familien, die nach Borna zogen, konnten eine Kuriosität in ihrem Ausweis registrieren lassen: Sie verzogen aus Magdeborn, Bornaer Straße, zur neuen Adresse: Borna, Magdeborner Straße. Straßen in den Neubaugebieten nach abgebrochenen Orten zu benennen ist eine Möglichkeit, sich zu erinnern, und passender als die zahllosen Rosen-, Tulpen- und Veilchenwege.

Der letzte Bewohner von Magdeborn, auch das ist dokumentiert, war der Klempner Freudenberg, bei dem sich die Auflösung der Werkstatt verzögert hatte. Nomen non est omen. Nein, reibungslos konnte die erste Verlegung solcher Größenordnung gar nicht funktionieren. Vor allem Versorgungsprobleme machten den letzten noch verbliebenen Bewohnern immer wieder zu schaffen. Manchmal gab es kein Brot, dann wieder dies nicht, dann jenes. Wer nimmt schon draußen einen Ort ernst, den es faktisch nicht mehr gibt? Eine stehende Wendung lautete: »Der Handel baut schneller ab als die Bagger!« Weitere Probleme entstanden auch durch nicht termingerecht übergebene neue Wohnungen: Die neue Arbeitsstelle der Eltern wartete, die Umschulung der Kinder verzögerte sich. Für kommende Ortsverlegungen hat man aus den

Schwierigkeiten hier Schlüsse gezogen. Die neuen, umfangreichen Komplexprogramme verdanken ihre Ausgewogenheit auch dem Modell Magdeborn.

Bei all dem: Die letzte Erinnerung an Magdeborn selbst, Frühjahr 1980. Damals standen noch einige Gebäude, allerdings nicht mehr die hübschen Einfamilienhäuser westlich der F 95. Die Straße war verschwunden, es gab nur noch Acker, ab und an ein paar Mauerreste dazwischen. Der Wegweiser am Straßenrand »Leipzig 11 km« — überflüssig. Auf der Ostseite der Straße noch ein paar Häuserzeilen. Das Pfarrhaus mit blinden und zerbrochenen Fensterscheiben. Einige Schritte weiter ein handgeschriebener Zettel: »Dieses Haus wird noch bewohnt!« In den vergangenen Monaten mußten solche Aufschriften sein, um bei Durchreisenden keine Mißverständnisse aufkommen zu lassen. Die Kirche gegenüber wurde regelrecht ausgeweidet. Rohre, elektrische Leitungen, Betgestühl, Zierat, Grabplatten und Fußböden sollten nicht im Abraumschutt enden. In der Krypta erprobten sich junge Archäologen. Die Glocke erklingt inzwischen wieder, nun in Leipzig-Grünau. Und auch Gedanken an die Toten: Unter Beachtung kompliziertester hygienischer Sicherheitsmaßnahmen sind 1 600 Gräber entsprechend den Wünschen der Angehörigen umgebettet worden. Magdeborn hat die umfassende Räumung erlebt. Und keinen Tag Perfektionismus. Magdeborn als notwendiges Opfer und als Modell, als Gegenstand journalistischer Schlagzeilen und als Beispiel für verständnisvolles Eingehen auf menschliche Probleme. Und Magdeborn als Symbol für die Bewegung, welche die Kohle ins Leipziger Land gebracht hat. Auf Magdeborn folgte 1980 Bösdorf, Ortsteil der Gemeinde Eythra mit 1 174 Einwohnern. Hier werden 300 Millionen Tonnen Kohle erwartet. Der berühmte Feuerwehrfasching fand im Februar 1981 zum letzten Male statt; er mußte viermal wiederholt werden. Auch hier: Ein großer Abschied. Der Konsum schloß am 15. November für immer. Und auf Bösdorf folgte Eythra selbst. Schon seit Oktober 1981 arbeitete das Büro für Ortsverlegung. 1984 schlug für Eythra mit seinen Bewohnern und den drei Industriebetrieben, die etappenweise nach Knautnaundorf umzogen, die Stunde. Und die Liste verschwundener Ortschaften ist nach vorn offen: Rusendorf (1929/33), Witznitz (1941), Petsa (1944/45), Bergisdorf (1949), Geschwitz (1952/53), Zeschwitz (1943), Zechau/Leesen (1952/59), Wuitz (1954/56), Ruppersdorf (1954/56), Blumroda (1954/57), Sabissa (1955/56), Stöhna (1956/57), Rüben (1956/57), Ramsdorf-Löschnitzmühle (1957/58), Nehmitz (1960/61), Neukieritzsch (teilweise 1952/57 und zukünftig), Großdeuben Ost und West (1956/63), Kleinbermsdorf (1960/61), Schleenhain (1964/65), Görnitz (1961/63), Hartmannsdorf (teilweise 1957/60), Altdeutzen (teilweise 1961/65), Borna Ost (teilweise 1964/66), Kleinzössen (teilweise 1968/71), Hain (1969/70), Treppendorf (1962/63), Spahnsdorf (1960), Trachenau (1962/65), Pegau (teilweise 1963/64), Elstertrebnitz (1963), Zehmen (1957/58), Kötzschwitz (teilweise 1963), Leipen (1965/66), Stöntzsch (1964/65), Gestewitz (teilweise 1967/68), Gaschwitz (teilweise 1964/65), Crostewitz (1967/72), Cröbern (1967/72), Krendnitz (1968/69), Zwenkau Nord (teilweise 1973/74), Berndorf (teilweise 1976), Prödel (1971/72), Zöbiger (teilweise 1971/72), Markkleeberg Ost (teilweise 1920/30; 1974/75), Piegel (1976), Vorwerk Auenhain (1976), Göltzschen (teilweise 1977/80), Magdeborn (1977/80), Bösdorf (1980/82), Peres (1983), Cospuden (teilweise 1985), Eythra (1981/86).

15 Ortsverlegungen stehen bis 1990 aus.

Die Orte ließen sich mit Fähnchen auf einer Karte markieren. Jeder Ort hat seine ganz spezifische Vergangenheit, jeder Ort brachte spezifische Probleme und entsprechende Lösungsvarianten. Es ist leicht, der Geschichte dieser Ortschaften nachzuspüren, leicht auch, die Vorkehrungen zu verfolgen, die dem Anschnitt durch den ersten Bagger vorausgehen. Doch mit jedem Ort ändert sich mehr als ein kleiner geografischer Teilbereich, es wandelt sich eine ganze Landschaft. Die Frage liegt nahe: »Was kommt danach, im Anschluß an die Auskohlung, Fortgang oder Neubeginn der landschaftlichen Biografie?« Diese Frage liegt im Spannungsfeld des Meinungsaustausches zwischen Bergbau- und Rekultivierungsfachleuten auf der einen und Landschaftsplanern, Naturschützern und Architekten auf der anderen Seite. Und sie beantwortet sich im wechselnden Erfolg der Zusammenarbeit dieser beiden Seiten, wobei jede Gruppe abzuwägen hat zwischen Wünschen, Forderungen und technologischen Zwängen.

Die Umweltqualität in Leipzig, dem Zentrum des ganzen Industriegebietes, ist täglich der Gradmesser dafür, welchen Belastungen das Umland ausgesetzt wird. Seit 1976 wurden Grenzwertbescheide für Kraftwerke ausgesprochen — sie haben empfindliche finanzielle Konsequenzen. Und Konsequenzen sind auch gezogen worden. Mit Beträgen in Millionenhöhe wurden neueste Filteranlagen installiert, welche die Gesamtfilterleistung um 90 Prozent erhöhen. Dennoch gehen die Überlegungen weiter.

Von den Kraftwerken aus dem Stadtgebiet Leipzig vermelden die Zeitungen die um 30 000 Tonnen rückläufige Menge des Staubausstoßes, der nunmehr seit 1982, trotz gewachsener Industrie, stagniert. Doch die Situation bleibt weiterhin kritisch. — Noch ernster sind die Probleme mit dem Schwefeldioxid. 170 Millionen Tonnen dieses Schadstoffes werden pro Jahr in der Welt ausgestoßen. Das wirkt sich auf die Landwirtschaft aus und schädigt die Baumbestände. — Die Finanzhilfen, die in der DDR von den Urhebern zum Beispiel an die betroffenen Genossenschaften gezahlt werden, ändern wenig an diesem Zustand. Ein erster Schritt, mit großem wissenschaftlichem Aufwand betrieben, kann das Kalkstein-Additiv-Verfahren sein. In großem Umfang angewendet, bietet es eine Chance, mit dem SO_2 fertig zu werden. Das erste automatische Überwachungssystem für Emissionen in unserem Land wurde 1980 in Leipzig installiert. Es nimmt an fünf Punkten der Stadt halbstündig seine Daten auf, die in einer zentralen Stelle ausgewertet werden.

Leipzigs Geschichte ist auch die Geschichte der Flußauen. Barocke Wasserspiele, Hochwasser, Trockenlegung und Bebauung von Sumpfgelände. — Man erinnert sich. — Leipzigs Zukunft soll enger denn je mit dem Wasser verbunden sein; zum Beispiel erfreuen sich die schon vorhandenen Badeseen größter Beliebtheit. *Naunhof*, dessen Strandgestaltung 1983 abgeschlossen wurde, ist der meistbesuchte Badesee. Die Kiesgrube von *Ammelshain* wird gesichert und ausgebaut; die Grube von *Albrechtshain* mit ihren 16 Hektar Wasserfläche wird seit 1985 genutzt. Im November 1982 sind die Dichtungsarbeiten am *Bösdorfer Elsterstausee* abgeschlossen worden, auch er steht nach der Flutung zumindest teilweise wieder zur Verfügung. *Pahna* im Kreis Altenburg, der *Hainbergsee* bei Meuselwitz und die ehemalige Kiesgrube *Eilenburg* befinden sich im Ausbau. Schließlich gibt es *Kulkwitz*. Dieses große Erholungszentrum in unmittelbarer Nachbarschaft zu Leipzig-Grünau soll ein komplexes Freizeitangebot für 25 000 Bürger sichern.

160

Die Entwicklung der Bergbaufolgelandschaft wird planmäßig betrieben, hier ist viel zu erwarten. Indessen hat man sich mit der Wasserverschmutzung zu plagen, deren Beseitigung enorme Kosten verursacht. Das Braunkohlenwerk Böhlen und das Braunkohlenveredlungswerk Espenhain liefern die meisten Schadstoffe. 65 Prozent der Pleißeverunreinigungen kamen bisher von Espenhain. Aber auch hier wird nicht tatenlos zugesehen. Schon seit langem befindet sich eine biologische Reinigungsanlage mit einem Kostenaufwand von zirka 100 Millionen Mark im Bau. Seit Mitte 1983 ist die Intensivstufe, die bis zu 70 Prozent der Schadstoffe, vorrangig Phenole, abbaut, in Betrieb. Die letzte Ausbaustufe, ein Belebungsbecken, baut die Verschmutzungen bis zu den Grenzwerten ab. So können täglich 3 500 Kubikmeter Wasser gereinigt werden. Gleiches gilt für Böhlen, dessen zweite Reinigungsstufe auch 1983 — für 9 Millionen Mark — fertiggestellt wurde, und für das Erdölverarbeitungswerk Rositz. Außerdem werden wichtige Wasserläufe, so der Karl-Heine-Kanal, die Weiße Elster und das Elsterbecken kontinuierlich entschlammt. Das Wasser wird in Zukunft von verbesserter Qualität sein.

Aber die industriellen Umweltbelastungen allein umschreiben nicht das ganze Problem. Durch den Kohleabbau gehen landwirtschaftliche Flächen, Wälder, Produktions- und Erholungsgebiete verloren. Leipzig ist mit 13 Prozent Flächenanteil nicht nur der waldärmste Bezirk; bis zum Jahr 2000 werden noch 1 100 Hektar Forstfläche devastiert. Damit fehlen zunächst ungefähr 220 000 Plätze für Erholungsuchende. Aber schwerer wiegt wohl, daß im gleichen Zeitraum 2 230 Hektar im Rahmen der Bergbaufolgelandschaft wiederaufgeforstet werden.

Wie in einigen Jahren und Jahrzehnten der Bezirk Leipzig aussehen wird, ist ermutigend. Man bekommt Lust zum Träumen, wunderbare Visionen erscheinen vor dem inneren Auge. Doch zu diesen Träumen gehört auch Geduld. Die Karte für die Bergbaufolgelandschaft enthält Vermerke über den gegenwärtigen Stand der Tagebaue, und sie enthält Geplantes.

Vorerst rücken die Tagebaue noch näher an die Stadtgrenze heran. Hatten sie die Aufschlüsse von Zwenkau und Espenhain bereits erreicht, so wird der *Tagebau Cospuden* im Norden des Zwenkauer Reviers direkt auf den Territorien der Städte Leipzig und Markkleeberg betrieben. Die Kohle, um die es immer wieder geht, ist hier besonders hochwertig und dadurch ausgezeichnet für die Karbochemie geeignet. 60 Millionen Tonnen werden auf diesem Feld erwartet. Zudem sind die Flöze bis zu 15 Metern mächtig und haben ein selten gutes Abraumverhältnis. Die Produktion läuft bereits kontinuierlich. 1981, seit dem ersten Kohlezug im Juli, wurden 600 000 Tonnen Kohle gefördert, 1982 schon zwei Millionen Tonnen. Neben diesen imposanten Ergebnissen stehen die Folgen für die südliche Aue; sie heißt hier Lauer. Vierhundert Hektar Waldfläche mußten devastiert werden, das entspricht einem Waldkronenvolumen von 65 Millionen Kubikmetern. Devastierung ist wieder ein Fachausdruck und meint Beseitigung. Der verbleibende Auenwald wird auf Grund seiner lehmigen Bodenstruktur und zusätzlich eingeleiteter Bewässerungsmaßnahmen bei längeren Trockenperioden kaum zu leiden haben, doch das Waldbad Lauer mit seiner Erholungsfläche mußte weichen. Das *Schloß Hartmannsdorf*, eines der bestrestaurierten im Bezirk — in Zukunft freilich mit Zimmerfluchten, deren Fenster auf den Tagebau blicken —, bleibt erhalten. Noch nie sind in der Geschichte der Tagebaue so verantwortungsbewußte und gründliche Untersuchungen durchgeführt worden wie im Fall von Cospuden. Die Stadtnähe und die Belastung für die Erholungsuchenden fanden auch Berücksichtigung in den geplanten Rekultivierungsmaßnahmen. Zwischen Zwenkau und Markkleeberg werden mindestens 1 000 Hektar Wald wiederaufgeforstet — als Einleitung der *Wiedergeburt der Harth*.

13 000 Erholungsplätze, die durch den Aufschluß von Cospuden verlorengehen, werden an anderer Stelle neu und möglicherweise schöner geschaffen.

Inzwischen entspannt sich die Situation im Raum Borna—Altenburg. Viele Gruben sind ausgekohlt und werden schrittweise einer anderen Nutzung zugeführt. Doch das braucht Zeit. Erfreulich ist, daß die Probleme offen dargelegt werden und keine Schönfärberei betrieben wird. Die Leipziger, betroffen und diskussionsbereit gleichermaßen, kennen ihr Schicksal, das Kohle heißt, sehr gut. Den Einsatz für ihre Landschaft belegen nicht zuletzt Unternehmungen wie die »Aktion Märzenbecher«, bei der ehrenamtliche Naturschützer die bedrohten Frühlingspflanzen in der südlichen Aue ausgegraben und in nicht betroffene Auengebiete versetzt haben. Das Beispiel hat

Schule gemacht, und mittlerweile sind viele Tiere und Pflanzen in anderen Gegenden Leipzigs neu angesiedelt worden. Mit ihrem Verständnis und ihrer Kritik haben die Leipziger auch eine andere Frage beantwortet, nämlich, ob gesellschaftliches Entwicklungstempo, Fortschritt und Lebensstandard kontinuierlich weitergeführt werden sollen und müssen. Sie haben sich dabei, jenseits von grün gefärbter Nörgelei, als Realisten erwiesen. Der Preis, auch das wird deutlich, ist hoch und muß heute für die Annehmlichkeiten unseres Lebens bezahlt werden. Mit diesem Preis verhält es sich jedoch so wie mit einem Kredit: er wird in den kommenden Jahren zurückgezahlt.

Die Verantwortlichen in den Bergbauämtern und Kohlekombinaten, bei den Landschaftspflegern und in den Räten haben seit langem begriffen, daß es nicht genügt, auf eine große Geschichte voller Stolz und wehmütiger Rückschau zu verweisen. Leipzig kann nicht wieder ein kleines Venedig werden, aber in den Bemühungen um die Zukunft des Leipziger Landes beginnt sich eine Leipziger Seenlandschaft abzuzeichnen. Nicht Überschwang, Vorfreude aber ist zu empfehlen. Visionen sind unterdes gestattet. Im Magazin, einer der vielgelesenen Zeitschriften unseres Landes, konnte man im Oktober 1958 lesen: »Wenn Sie morgen ins Dimitroff-Museum gehen, dann können Sie an Hand der dort ausgehängten Karten schon jetzt festlegen, wo Sie in zehn Jahren baden wollen. Zwei der Seen liegen unmittelbar an der Stadtgrenze von Leipzig, der eine zwischen Markkleeberg und Großzschocher, der andere in der Gegend des jetzigen Auensees zwischen Lützschena und Gundorf. Er soll übrigens ungefähr zwanzigmal so groß werden wie der jetzige Auensee. (Sie können getrost schon anfangen, für ein Segelboot zu sparen!) Aber auch für den, der weiter hinaus will, ist gesorgt. Die Pläne für eine elektrische Vorortschnellbahn, die von Halle—Merseburg und Bitterfeld—Düben unterirdisch durch Leipzig hindurch die ganze neue Seenkette entlang bis Altenburg reicht, sind ebenfalls fix und fertig ...« Die gegenwärtigen Pläne — sie hängen nicht im Dimitroff-Museum, das jetzt der bildenden Kunst vorbehalten ist — tragen veränderte und realistische Züge. Die Leipziger Seenplatte, wenn auch der Name etwas gewollt erscheint, wird es geben. Nicht morgen allerdings. In ernstzunehmenden Größen wird die Bergbaufolgelandschaft erst nach dem Jahr 2000 wirksam. Und obwohl in der DDR bisher insgesamt 40 000 Hektar Bergbaugelände rekultiviert wurden, kann die Anschaffung eines Segelbootes warten. Die Zeiten allerdings, als man auf die Frage »Was mache ich in Leipzig?« antwortete: »Man nimmt den nächsten Zug nach Berlin!«, sind vorbei. Was also tut man in Leipzig? Man fährt, wenn man nicht schon in Grünau wohnt, mit der Straßenbahn Linie 1 nach *Kulkwitz*. Mit dem Ausbau dieses ehemaligen Restloches ist 1963 begonnen worden, 10 Jahre später konnte gebadet werden. Heute ist die Gesamteinrichtung beachtlich, sie umfaßt immerhin 350 Hektar. Ein Drittel dieser Fläche nimmt allein der See ein. Der Badestrand ist 1,2 Kilometer lang. Für die, welche auch beim Baden eine Gaststätte brauchen, gibt es ein ausgedientes Saale-Frachtschiff, das heute »M.S. Leipzig« heißt. Über Originalität läßt sich streiten, in dem Falle aber ist Toleranz angebracht, denn der Traum von der »Seestadt« ist alt. Oder man fährt mit der Straßenbahnlinie 28, an Sonntagen zumal, zum *Wildpark*. Der nimmt eine Fläche von 42 Hektar ein und ist den Leipzigern besonders ans Herz gewachsen. Nirgends wurde die Natur in Beete und Rabatten gezwängt, Wälder und Wiesen machen, obwohl äußerst gepflegt, den Namen alle Ehre. Und je nach Vorliebe kann der Wanderweg gewählt werden: Vom gediegenen großen Restaurant mit vorzüglicher Küche zum original-russischen Teehaus, von den Volieren mit einheimischen Vögeln über die Käfige mit Raubtieren bis zu den großen Wildgehegen mit Hirschen, Rehen, Wildschweinen, Elchen und Wisenten oder vom Ponyreitplatz zu den Abenteuerspielplätzen. Mit diesem Park gelang den Landschaftsgestaltern ein großer Wurf. Ganz in der Nähe, auf der anderen Seite der Pleiße und der Schnellstraße nach Espenhain, liegt der *Agra-Park*. Hier wird ein dem Wildpark fast entgegengesetztes Konzept verfolgt. Doch darüber ist an anderer Stelle schon gesprochen worden. Beide Anlagen, gelegen zwischen Connewitz und Markkleeberg im Süden von Leipzig, bilden das Zentrum eines Naherholungssystems in der südlichen Aue, das in nächster Zeit durch die parkartigen Anlagen von Lößnig und Dölitz — immerhin mit einer Gesamtfläche von 95 Hektar — komplettiert wird. Und in einiger Zukunft werden da auch noch die Seen der Restlöcher Zwenkau und Cospuden sein. In diesem Punkt aber tönt die Zukunftsmusik zu laut. Greifbarer und realer macht sich die Existenz der nördlichen Aue bemerkbar. Schwerpunkt ist der *Auensee* mit Strandbad und Gaststätten, Campingplatz und Pioniereisenbahn. Das

»Haus Auensee« hieß früher »Semiramis-Palast«, und hier traf sich die »bessere« Gesellschaft Leipzigs. Das vermelden denn auch die Chroniken: »Hier treffen wir schöne, liebreizende Frauen, wohlgepflegte Männer, kurz, die vornehme Gesellschaft.« Mit der kleinen Ringbahn fuhr man am Südufer des Sees entlang und konnte sich die wichtigsten Berge der Alpen als Nachbildungen in Pappmaché betrachten. Ganz so distinguiert geht es jetzt nicht mehr zu, dafür lebhafter: Im alten Ballsaal befindet sich Leipzigs größte Jugenddiskothek. Vom Auensee aus erschließt sich auf beliebigen Wanderwegen die nördliche Aue über Lützschena, das in den Plänen nun eine ernstgenommene Größe zu sein scheint, bis hin nach Schkeuditz. Es gibt einen »Zweckverband Nördlicher Auenwald«, der die Entwicklung dieses Naherholungsgebietes betreut.

»Es ist alles anders in Leipzig«, sagt Heinrich Laube. »Wenn man über eine andere Stadt schreibt, so schreibt man eben, um die Stadt zu charakterisieren. Man charakterisiert aber Leipzig, wenn man über alles, nur nicht über Leipzig schreibt.« Dazu gehören hier Geologie und Biologie, Chemie und Technologie. Und immer wieder Zahlen und Fakten. Das wichtigste Stichwort für lange Zeit wird im Leipziger Kohlegebiet *Wiederurbarmachung* heißen, also Auffüllung der Tagebaue, Auftragen von Kulturboden und Neunutzung. Und daneben Pläne zur Erhaltung und Aufforstung, der Versuch, jedes nur mögliche Stück Grün zu erlangen. Das schließt die Umgestaltung der Abraumhalden ein. Eine, die wie die Espenhainer Hochhalde ein Volumen von 85 Millionen Kubikmetern hat und mit 70 Metern der höchste Berg im südlichen Kohlerevier ist, kann sogar berühmt werden. Die Nutzung der Großstadtmüllhalden, sie werden in Leipzig »*Scherbelberge*« genannt, ist schon ins Auge gefaßt. Manchmal auch scheint der Eifer zu groß, und in der Sprache der Pläne wird dann eine »Aufwertung von Kleingartensparten zu Naherholungsgebieten« gefordert. Vielleicht verbirgt sich hier lediglich eine Definitionsfrage. Denn die Formulierung reflektiert einen wichtigen, möglicherweise den wichtigsten Sachverhalt überhaupt: Entspannung und Erholung muß für die Menschen in unmittelbarer Nähe der Wohnung oder des Arbeitsplatzes möglich sein, wie bedrängt und belastet das Gebiet auch immer sein mag.

Das Leipziger Land ist eine Kulturlandschaft mit jahrtausendelanger Tradition.

Eine unberührte Natur gibt es hier nicht. Im Kohlerevier wird diese Kulturlandschaft nicht kontinuierlich, sondern schlagartig umgewälzt. Erst im Neubeginn der Landschaft liegt die Chance und die Verpflichtung zur Kontinuität. Die Planungsangebote versprechen Großes. Und sie drücken sehr konkret Haltungen aus: Selbstbewußtsein und Stolz.

Gleichberechtigt neben sozialen Aspekten — und niemals trennbar von ihnen — stehen heute mehr denn je Überlegungen zur Biografie der Landschaft: Die Wildheit der Auenwälder und ihrer Flüsse, gewachsene Dorfstrukturen werden in ihrer alten Form nicht wiedererstehen, aber sie sind, besonders wenn es gelingt, Lösungen für die Wiederbesiedelung ausgekohlter Reviere anzubieten, aufgehoben in der künftigen Landschaftsgestalt.

Tatsächlich, man stellt fest, daß im Leipziger Land alles ganz anders ist. Reiseprospekte treffen zu, doch wer ausschließlich ihnen folgt, wird bereits besichtigten Denkmälern nur weitere hinzufügen. Wer andererseits nur Grauzone um Grauzone addiert, wird die hektische und zähe, freundliche und immer atemberaubende Lebensfähigkeit dieses Landstrichs zwischen kultureller Tradition, Veränderung und beständigem Neubeginn nicht entdecken. Genuß an der Leipziger Landschaft fällt einem nicht zu; er muß erarbeitet werden.

Bergbaugelände
der BKK Espenhain
Betreten durch Unbefugte
verboten!

Tagebau vor den Toren der Stadt Leipzig

Bohrfeld und Abbruchgebiet »Käferhain«

Bergung des Mutterbodens vor Beginn der Baggerarbeiten

Ein Schaufelrad und seine Spuren im Deckgebirge

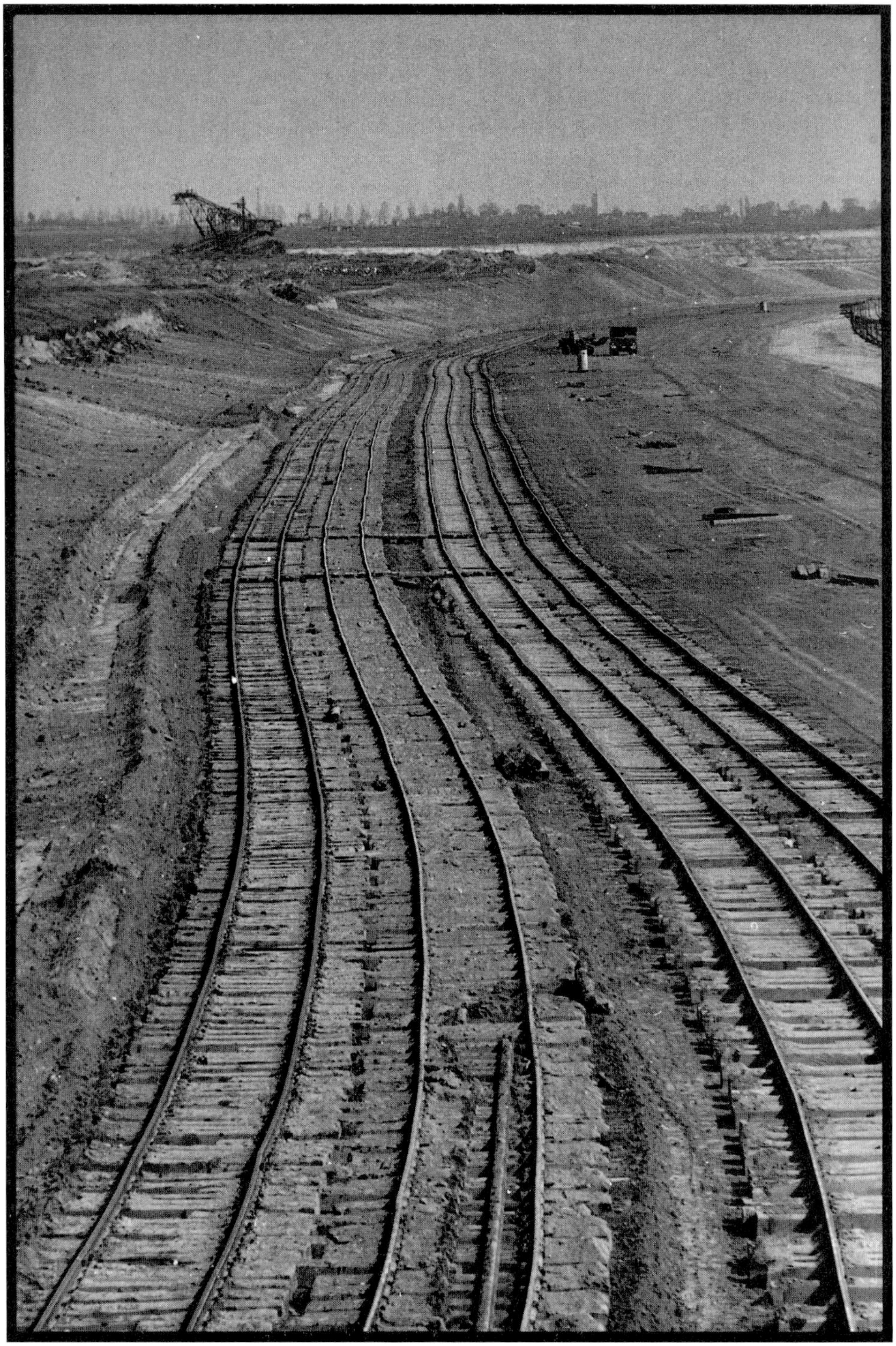

Im Tagebau

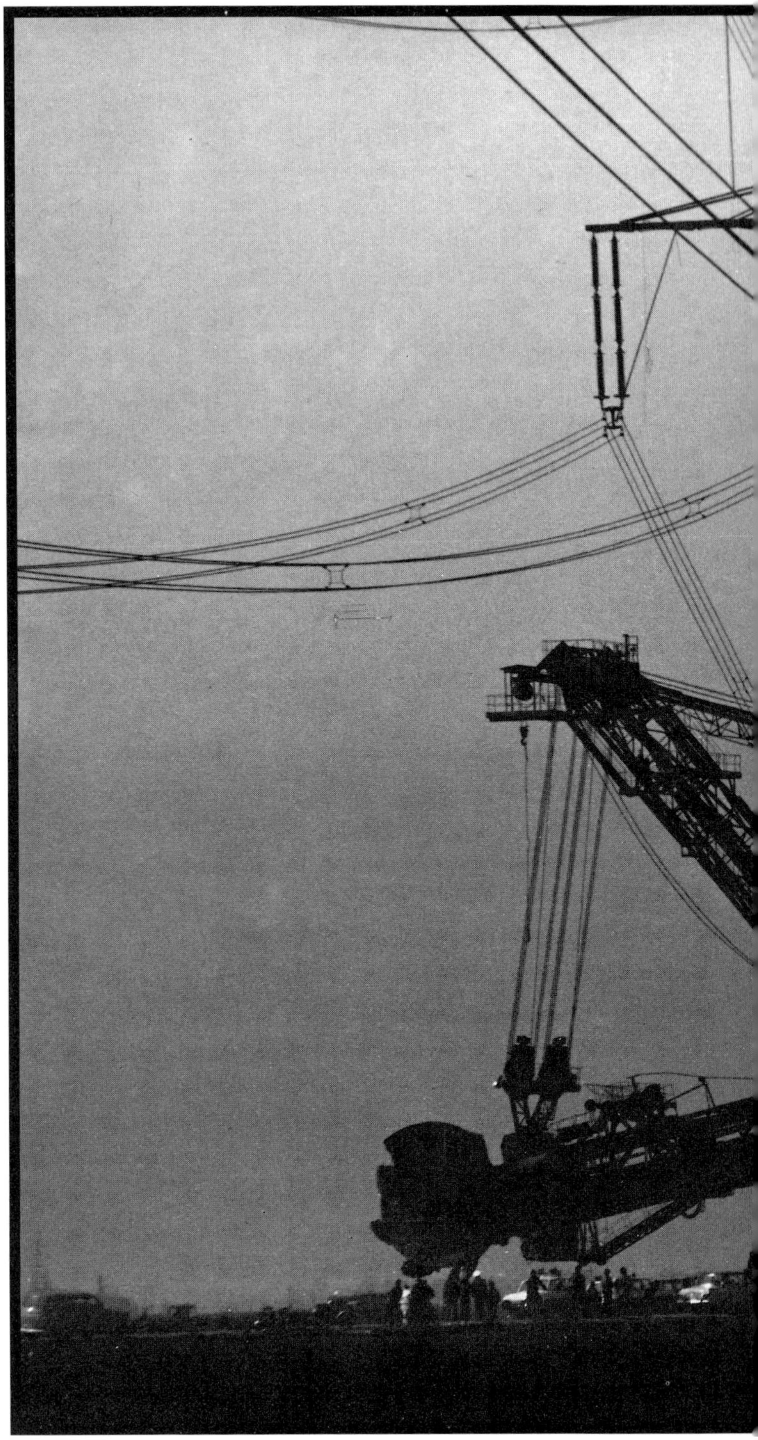

Baggerwanderung

Bodenerosionen in verkippten Flächen

Alte Brikettfabrik vor Borna

Kühltürme des Kraftwerkes Lippendorf

Neue Fernverkehrsstraße F 2 / F 95 zwischen Leipzig und Borna

Elsterstaustufe bei Knauthain — Zeugnis moderner Wasserbautechnik

Neues Bett der Elster vor Knauthain

Pappelanpflanzung
auf rekultivierten Flächen der ehemaligen »Harth«

Auenwald im erweiterten »Agra-Park«

Naherholungsgebiet Kulkwitz
auf ehemaligem Bergbaugelände in unmittelbarer Nähe
der Neubauten von Leipzig-Grünau

Inhalt